Falando de música

Leandro Oliveira

Falando de música

Oito lições sobre música clássica

todavia

A Beatriz, que espero um dia se divirta com este livro

A meus alunos, que são a sua razão de ser

À memória de Cesarina Riso, que me fez entender coisas mais valiosas que a música

Introdução 9

1. Afinal, o que é a música clássica? 11
2. "Fragmentos do discurso musical" 28
3. *Rehearsing, re-hearing*: Ouvindo a *Nona sinfonia* de Beethoven pela centésima vez... 37
4. O ouvinte elegante: Sobre a etiqueta das salas de concerto 46
5. O clássico como contracultura e a vida entre amigos que amam pop 60
6. O Silêncio, com S maiúsculo 76
7. O mínimo que você precisa ouvir para ouvir música clássica... 98
8. Bis, "tris" e outros penduricalhos 117

Introdução

Fui apresentado à música clássica pela discoteca de casa, e a primeira vez que vi um concerto sinfônico ao vivo foi com meu pai, no Theatro Municipal do Rio de Janeiro, quando eu tinha pouco mais de dez anos. O maestro Alceo Bocchino dirigia a Orquestra Sinfônica Brasileira em dois concertos para piano com Nelson Freire — um dos concertos de Mozart e o concerto de Grieg. A primeira parte do programa (extenso, portanto) foi com obras para piano solo de Chopin.

Antes ainda da chegada da orquestra, no momento em que Nelson agradeceu ao público e, sentado ao piano, iniciou a seleção de cinco estudos do compositor polonês, eu soube que a música faria parte definitiva da minha vida. Era um estudante com parcos recursos financeiros e técnicos, e uma formação musical ainda titubeante, mas tudo que pude pensar desde então foi em me tornar um profissional. Minha primeira apresentação pública aconteceu alguns anos depois, no ambiente da faculdade de música da Universidade Federal do Rio de Janeiro (UFRJ), e desde então tive o privilégio de conviver com alguns dos grandes artistas da música clássica de nosso tempo.

Em 2008, com o projeto Falando de Música, promovido pela Orquestra Sinfônica do Estado de São Paulo, encontrei a oportunidade de dividir com as pessoas minha paixão. O sumo de todos esses anos de trabalho está neste livro. Aproximei-me da editora Todavia ainda com uma ideia muito geral do que me parecia ser uma demanda evidente do público e, também, do mercado editorial: um livro sobre música clássica para leigos. Percebi imediatamente que o escopo da obra deveria ser generoso, mesmo que jamais barateasse algumas questões complexas. Tentei ser pragmático mas inspirador, sem deixar com isso de ser informativo. O desafio era trazer conteúdo útil tanto ao melômano médio quanto ao recém-chegado, tanto ao curioso quanto ao músico profissional. Após alguns anos de trabalho, fico feliz de ter encontrado o formato e o conteúdo que apresento aqui.

Muitas pessoas participaram da criação deste livro. Devo a elas agradecimentos, desculpas e salamaleques. Nada seria possível sem a ajuda objetiva de Marisa Porto, Inalda e Orestes Gonçalves, Janos Kovesi e Cecília Rays, Aron e Regina Diament, a família Maffei, nomeados aqui por representarem toda experiência e inteligência de meus muitos alunos, pessoas sem as quais este livro seria impossível, tanto quanto desnecessário. Não posso deixar de mencionar Fabiana Gugli, mãe da nossa pequena Beatriz, que se manteve a heroína de sempre, cuidando da coisa mais preciosa que tenho e, assim, permitindo a tranquilidade necessária para a produção de um projeto dessa natureza. Sem me eximir da responsabilidade pelas eventuais falhas que o leitor possa encontrar, agradeço àqueles que acompanharam a redação dos capítulos, com sugestões, estímulos e muitas apropriadas correções: através do amigo Flávio Moura, toda a fantástica equipe da editora Todavia.

I.
Afinal, o que é a música clássica?

I

Entre os inúmeros estilos musicais de nosso tempo, não há meios de situar a música clássica — por qualquer medida que se escolha — como outra coisa senão um gênero contracultural. Seja por sua presença exígua nos veículos de comunicação de massa, pela parcela de público relativamente pequena que agrega, pelo montante de dinheiro irrelevante que faz circular e, mais que tudo, por sua quase nenhuma influência entre formadores de opinião e poderosos em geral, ou ainda por qualquer outro parâmetro que se queira usar, a música clássica é uma atividade quase esotérica.

Sim, pois tal como algumas seitas descritas em livros de Dan Brown, ela conta com um público fiel, mais ou menos dedicado às suas próprias referências, exigente quanto a protocolos e regras, com código próprio de comportamento, usuário de espaços especializados e jargão específico. Ou seja: apesar de não ser, como de fato não é, uma sociedade secreta, ela certamente compartilha com aquela uma série não pequena de características.

Alguns tomam a música clássica, talvez por isso, por uma manifestação cultural elitista. Mas todos que em algum momento da vida tiveram oportunidade de ir a uma sala de concerto constataram que não há nada de esnobe ou chique ou místico ali: quando não são eventos gratuitos, os ingressos costumam ser tão ou mais baratos que os de cinemas; seu público geralmente inclui pessoas de todas as idades e classes sociais; e o objetivo da reunião, discreto ou declarado, é apenas ouvir música — boa e ruim —, nada mais.

Mas, então, voltamos à pergunta tão complexa quanto antiga: afinal, o que é a música clássica? Antes de tentar respondê-la, convido à experiência: eleger um fórum qualquer, seja ele de discussão de música, amigos ou de antenados em geral, e perguntar à queima-roupa: "O que é música clássica?". Antecipo tantas respostas quanto pessoas a responder. Os que prezam as aparências — como dizia Oscar Wilde, somente as pessoas superficiais *não* julgam pelas aparências — vão dizer, com alguma convicção: "É a música do passado", ou "É a música que se toca com orquestra", e ainda, mais curioso, "É a música universal".

Não preciso me aprofundar em técnicas socráticas para discutir tais respostas. Algumas esquecem, é claro, que há música clássica feita por gente vivíssima, por exemplo o autor deste texto e outros mais célebres, ou que há música popular feita por "mortos da silva", como Cole Porter, Jacques Brel e Raul Seixas. Outras incorrem em um erro não incomum, o de confundir instrumentos com gênero — vício de muitos observadores da música clássica, mas tampouco raro em outras paragens, como demonstram os "puristas" das décadas de 1960 e 1970, que atacaram Bob Dylan e os nossos tropicalistas por usarem guitarras elétricas em seus arranjos.

De fato, há música clássica escrita para orquestras de diversas dimensões, assim como para violão (os *Prelúdios* de Villa-Lobos), para voz, palmas e outros elementos de percussão corporal (como *No Place Like*, de Kerry Andrew). Mas mesmo o critério do som "acústico", ou seja, sem amplificadores e microfones, é mera imposição logística, tendo deixado de ser necessidade para o clássico antes ainda da inserção dos recursos eletromagnéticos na cultura pop. Já na década de 1920, instrumentos como o teremim, ou o "ondas martenot" e alguns outros, foram inventados e passaram a ser explorados por compositores de vanguarda, inquietando as plateias desde aquela época, com seus formatos estranhos e sonoridades exóticas. Hoje, não são incomuns peças clássicas com e para guitarras elétricas (*Electric Counterpoint*, de Steve Reich, *Miserere*, de Arvo Pärt, as sinfonias 1, 2 e 3 de Alfred Schnittke, ou o *Concerto para violoncelo nº 1*, de Krzysztof Penderecki), ou mesmo para computadores portáteis e softwares específicos (*Mass Transmission*, de Mason Bates).

O que é importante notar, e talvez valha a ressalva, é que assim como a orquestra sinfônica e seus instrumentos não são condição necessária para que a música de Beethoven seja chamada de clássica, tampouco a presença da orquestra afere o selo de "clássico" àquilo que se executa. É sabida e celebrada a gravação de 1999 da banda de heavy metal Metallica com a Orquestra Sinfônica de San Francisco. O álbum foi chamado de S&M (não uma abreviação de "sádico e masoquista", mas de *Symphony and Metallica*). Embora traga alguns achados extraordinários de instrumentação, o novo arranjo para as canções célebres do grupo não faz das músicas do *Álbum negro* peças do repertório de concerto — a mudança do timbre, por si só, não é elemento suficiente para tanto.

Mas já que falamos de Metallica, proponho uma questão instigante: afinal, *And Justice for All*, o álbum original, com suas guitarras e bateria enérgicas, e seu vigor maduro, não é um clássico do rock? Mais especificamente, "One" é uma canção monumental, da altura ou talvez maior que qualquer uma das *Rapsódias húngaras* de Franz Liszt, por exemplo — peças de interesse virtuosístico, quase circense, e objetivamente pensadas para impressionar mais que elevar. Assim, até por requisitos humanísticos, por que chamar as obras pianísticas do compositor húngaro de "música clássica" quando é naquele outro repertório que encontramos a expressão do verdadeiro drama humano — a guerra inevitável, a coragem que não temos e, claro, a finitude?

Imaginar que a música clássica seja, por assim dizer, a reserva moral da produção musical da humanidade é outro mal-entendido. Talvez o mais comum deles, quando se discute uma definição para o gênero. É o que faz alguns argumentarem que ela é "universal". Muito daquilo que é matéria de discussão sobre a música clássica — a postura particular dos ouvintes, o tipo de contrição de alguns de seus compositores — deve a essa premissa, que pouco tem de abrangente ou objetivamente descritiva. Quando falamos de arte em geral, lidamos com o escopo daquilo que é humano, em toda sua rica variedade. E assim como há muita música pop de extrema densidade emocional ou metafísica, há muita música clássica despretensiosa, pouco inteligente e, sim, torpe. Deliberadamente torpe.

"Leck mich im Arsch" é uma pequena obra de W. A. Mozart, composta provavelmente quando o compositor já havia se transferido para Viena, no glorioso ano de 1782. Feito provavelmente como presente de aniversário para alguns amigos, sua estrutura rigorosa — um cânone a três, portanto em repetição defasada de vozes independentes e iguais, o que só pode soar bem se contar com uma engenharia inteligente na construção da primeira frase — esconde um texto menos que medíocre, e cuja tradução literal de seu primeiro verso é "Lamba-me na bunda". Hoje questiona-se a autoria da música, mas em termos os mais constrangedores para o nosso querido Wolfie: é possível que as notas (a parte sofisticada da composição) sejam de Wenzel Trnka (1739-91), com a colaboração de Mozart limitando-se à banalidade da letra.

De qualquer modo, seja de quem for, "Leck mich im Arsch" está no catálogo das obras completas de Mozart, com a identificação K. 231, e é, portanto, uma obra de música clássica. Assim como é clássica a cantata "Schweigt stille, plaudert nicht", o BWV 211 de J. S. Bach. Conhecida pelos melômanos como a "Cantata do café", foi escrita pelo compositor no auge de sua maturidade. Bach já era àquela altura o diretor das atividades musicais de Leipzig, e a cantata é criada para agradar um amigo, Gottfried Zimmermann, dono da Zimmermannschen Kaffeehaus — então, e por muito tempo, a mais frequentada cafeteria da cidade. Após sua composição, ao que parece, a peça foi apresentada anualmente (portanto mais que qualquer uma de suas *Paixões*), e conta com trechos edificantes como este:

Paizinho, não sejas tão mau.
Se eu não beber meu café,
as minhas curvas vão secar,
as minhas pernas vão murchar,
ninguém comigo irá casar.

Mesmo lidando com a música instrumental, o leitor há de ficar pasmo com algumas composições cujas referências pouco nobres são mais ou menos veladas — mesmo que eventualmente desconhecidas para nós, eram absolutamente reconhecíveis para os ouvintes à época de sua criação. Há algo assim em obras como as sinfonias de Gustav Mahler. Em algumas delas, o compositor insere música rústica, cantigas de roda, fanfarras militares e músicas de café, fazendo de suas partituras os mosaicos de diferentes gêneros e decoros que hoje conhecemos.

Na sua *Primeira sinfonia*, o terceiro movimento (*Kräftig bewegt, doch nicht zu schnell*) é descrito por um contemporâneo e amigo de Mahler, August Beer, como uma cena "no bar da cidade; ele tem pouco de um scherzo — é mais a dança [rústica] entre bons camaradas [bêbados]". Antes, apresenta-se a famosa paródia da melodia de "Frère Jacques" (canção que, nos países de língua alemã, era conhecida à época como

"Bruder Martin"), em tom menor, que, segundo o próprio Mahler em carta a sua amiga Natalie Bauer-Lechner, é um movimento:

> [...] a ser executado de maneira rude, tal como uma banda de músicos muito ruins, como aqueles que usualmente seguem cortejos fúnebres; a inconveniência da alegria e da banalidade deste mundo aparecem então nos sons de músicos locais, que interrompem o lamento do herói.*

A dubiedade é recorrente e deliberada; e que fique claro, é a causa da força mesmo da visão mahleriana e moderna de uma sinfonia. À época de Mahler, essa polifonia corriqueira, típica da vida real, que faz conviverem elementos baixos e altos, é muito mais que um problema estético: é um bem conhecido dilema ético. Em 1909, por ocasião de uma execução da *Terceira sinfonia* do compositor, Robert Hirschfeld comentava que

> os grandes sinfonistas sentem e revelam a grandiosidade, a força, a nobreza e a integridade — não as características negativas — de seu tempo. No entanto, quão frívola, infantil e sem força nossa época aparece através das sinfonias de Mahler.**

O que quero dizer: não há nada de intrinsecamente elevado na música clássica, assim como não há de haver nada de intrinsecamente baixo na música popular. Exemplos de canções pungentes, de alta densidade emotiva, ou com anseios metafísicos e espirituais, facilmente encontradas no cancioneiro de

---

* Constantin Floros, *Gustav Mahler: The Symphonies*. Portland: Amadeus Press, 1993, p. 40.   ** Jeremy Barham, *The Cambridge Companion to Mahler*. Cambridge: Cambridge University Press, 2007, p. 294.

artistas como Bob Dylan ("Man of Constant Sorrow", "Sad-eyed Lady of the Lowlands", para elencar as preferidas), Leonard Cohen ("Sisters of Mercy" e "Last Year's Man", para ficar em duas), Dorival Caymmi ("Sargaço mar", ou todo o álbum *Canções praieiras*), Caetano Veloso e uma ou outra de Gilberto Gil ("Força estranha" e "Se eu quiser falar com Deus", as mais didáticas), são notórios. O mesmo ocorre ainda em parte do catálogo de grupos como Pink Floyd (com a pouco óbvia "Wish You Were Here") e Secos e Molhados (a misteriosa "Prece cósmica"), entre muitos outros!

Em resumo: se o ouvinte acha que a música popular é reserva de anseios "baixos" ou vulgares, é importante deixar claro: está ouvindo a música popular errada. E se acha que toda música clássica eleva, talvez não esteja ouvindo bem...

Mas não posso deixar de falar apropriadamente de certa ideia em geral aceita do "clássico", aquela que reverbera um conceito comum às humanidades. Seriam "clássicas" as obras que atravessam seu tempo, persistem por gerações, irmanam-se em e, ao mesmo tempo, formam uma tradição. Assim, a música clássica seria aquela que de certa maneira "torna-se" clássica, e teria entrado para tal panteão por sua capacidade de sobrevivência, por seu mérito reconhecido em um cânone, por suas reverberações na cultura e no passar dos anos.

Na defesa dessa definição resta ao menos um dado histórico: o conceito de "clássico" na música surge exatamente de tal ideia, propagada entre alguns compositores e críticos musicais alemães em meados da década de 1830. Eles tentam distinguir um período áureo da história da música, período que, segundo argumentam, teria ocorrido entre Bach, que viveu de 1685 a 1750, e Beethoven, que morrera poucos anos antes, em 1827. Esta é a "klassische Musik", a música clássica que serviria de parâmetro para todas as outras. Menos que um período, é a música de um panteão de notáveis, a formar uma espécie de cânone a ser respeitado por criadores e público.

É claro, seus limites temporais dilatam-se severamente. Afinal, de que serve um cânone se não pode ser expandido? E já a geração de Mendelssohn, Schumann e tantos outros buscaram emular a grandeza de seus recentes antecessores e distinguir-se pelo diálogo com os gigantes do passado. Tentavam abrir, assim, seu próprio caminho para a posteridade, com curiosos olhos no retrovisor (a propósito, é em parte contra isso que Wagner haveria de advogar uma "arte do futuro").

Para assumir o clássico nesse sentido humanístico, precisaríamos nos exercitar em algumas perguntas: quanto tempo decorrido afinal é necessário para uma música ganhar o status de clássica? Logo no ano da morte do compositor, dez anos depois, cem? Mas se "clássico" é o compositor e não a obra, quantas obras clássicas fazem de um compositor um clássico? Uma vez clássico sempre clássico — e todas as obras do compositor clássico são, portanto, clássicas? E a pergunta contemporânea que todo diretor de marketing da indústria fonográfica responde sem querer: é clássico porque faz sucesso ou faz sucesso porque é clássico?

De qualquer modo, para nós, o cerne da tese não se aplica. Atualmente, o tempo da música clássica não é determinado pelo repertório de nossos antecessores. Quando falamos de música clássica temos que lidar com um dado da realidade inescapável, o da convivência com compositores que são nossos contemporâneos e, muito embora possam reivindicar a eternidade, só o fazem como fazemos todos nós, reles mortais — ou seja, sem qualquer garantia. Suas obras só podem ser avaliadas pelo "valor de face" enquanto esperam a valorização ou desvalorização póstuma. Mas, enquanto espera, a música do brasileiro Felipe Lara, dos britânicos Thomas Adès e Anna Clyne ou da russa Lera Auerbach (enquanto escrevo, todos vivos, ativos e nascidos entre 1970 e 1980) é chamada "clássica" nos quatro cantos do mundo, não só pelos críticos, mas também pelo mercado, por programadores de concerto, musicólogos e pelo público em geral.

II

Afinal, do que tratamos exatamente quando lidamos com tais distinções? E são elas realmente importantes? Música boa e ruim, não seria o suficiente? Mais do que isso, falamos de clássico para lidar com um dado preciso da realidade ou meramente projetamos nosso gosto pessoal, até com certo pernosticismo, reverberando as idiossincrasias dos críticos culturais?

Há um problema da mesma ordem que todos reconhecemos. Lembro sempre de meu assombro juvenil quando pela primeira vez descobri que a baleia não era um peixe, e que, à parte sua anatomia adaptada à vida aquática, tratava-se de um animal mais próximo dos elefantes e de nós, humanos, do que efetivamente de um tubarão (coisa que talvez apenas os ensaios "científicos" de Italo Calvino me permitiam imaginar sem os tecnicismos da taxonomia biológica). Eu soube, então, que buscar entender a distinção entre os dois monstros aquáticos era, em alguma instância, útil.

De fato, um dos exercícios mais ordinários que fazemos é o de estabelecer limites, procurar características essenciais que permitam compreender algo sobre a integridade de determinada coisa ou situação — ou, ao menos, a intuição de dada singularidade. De certo modo, tentar definir "o que é a música clássica" é realizar o mesmo exercício: procurar entender os limites, as características essenciais de determinada coisa ou situação — e sabemos, tal como entre a cachalote e o tubarão--branco, que as características muitas vezes não são reconhecíveis pela mera análise das aparências.

Para projetar no tempo, com algum critério claro, a tradição da "música clássica" nas práticas conhecidas no Ocidente (não custa lembrar que existe a música clássica indiana, a música clássica japonesa etc.), é necessário refletir sobre as bases técnicas onde o gênero está assentado. E só então, necessariamente, ganharia corpo uma distinção fundamental: a compreensão de que a tradição da música clássica se fundamenta em uma tecnologia própria de registro, a escrita musical.

A premissa dessa tese é a seguinte: as tecnologias de comunicação não são neutras, elas alteram a estrutura do discurso e atuam, de maneira mais ou menos radical, nas relações que o dinamizam. Sem qualquer juízo de valor, assumo três modos distintos de registro musical: pelo ouvido, na partitura (manuscrita e impressa) ou por meios mecânico, elétrico ou eletrônico.

A tese de que os procedimentos de registro auditivo — ou, tecnicamente, por tecnologias de comunicação oral — determinam as manifestações de dada cultura é inaugurada com os estudos do helenista Milman Parry, e desenvolve-se pela antropologia de Jack Goody, Edmund Carpenter e Ruth Finnegan, bem como na leitura das teses platônicas por Eric Havelock ou na obra do linguista e filósofo americano Walter J. Ong (seu livro *Orality and Literacy* ainda é o melhor guia introdutório sobre o assunto). Partindo desses estudos linguísticos e socioculturais, analogamente, reconhecemos como "música folclórica" aquela reproduzida a partir da memorização e da performance. E assim, como qualquer manifestação de cultura oral, essa música deve ter uma dinâmica própria, estruturar-se a partir de elementos de sentido e perenidade absolutamente singulares.

Um exemplo que serve de prova empírica da tese — e que pode ser reproduzido por qualquer curioso entre os leitores deste livro — foi vivido por mim, e por isso invoco-o em seminários e conferências sobre o assunto, como uma espécie de experimento que chamo de "telefone sem fio expandido".

Quando me transferi para São Paulo, vindo do Rio de Janeiro, assumi uma classe de iniciação musical privada. Eram alunos de quatro a dez anos — eu com 25. Após domar as crianças — e "domar" é o verbo apropriado... — finalmente consegui sentá-las para ouvir uma "canção banal". A escolhida havia sido "Cai, cai, balão" que, eu imaginava, todos os meus alunos reconheceriam. Pois bem, a tranquilidade resistiu até o terceiro verso, "aqui na minha mão" (resistiu muito pouco, portanto). Os meninos se entreolharam e corrigiram: "'Na rua do sabão', professor".

A versão que eles conheciam era diferente da minha. Perguntei como haviam entrado em contato com ela. Após ouvi-la na íntegra, percebi que a estrutura prosódica se mantinha intacta — versos de quatro sílabas, num duplo iâmbico (uma sílaba fraca seguida de uma forte) — e a "fraseologia" seguia, sem qualquer alternância de pulsação, um compasso binário clássico, com ênfase no primeiro tempo. No entanto, todas as palavras que compunham o verso eram diferentes!

Nada mais natural, se levarmos em conta as distâncias entre a versão que ouvi na minha infância e a que meus alunos tiveram acesso, quatrocentos quilômetros e vinte anos depois. O inusitado seria o contrário. De fato, tais adaptações acontecem em maior ou menor grau com todas as canções de roda tradicionais, o que é previsto pelos estudos de oralidade acima citados e justifica que os etnomusicólogos depreendam daí as características estéticas e psicodinâmicas da música folclórica. Questões como as relações de autoria (quem fez "Cai, cai, balão"), fidelidade e desempenho (velocidade, precisão rítmica, diapasão, naturalidade para absorção de ornamentação e embelezamentos) devem ser tratadas de forma absolutamente singular nesse universo, e é assim por se tratar de uma música viva, que se renova a cada apresentação, aberta a adaptações e à complexidade da performance em ato.

São exemplos acabados dessa tradição da música folclórica, nesse sentido técnico, as cantigas de roda, as canções de comunidades autóctones ou isoladas — como as de indígenas, escravizados alforriados, ou de *shtetlekh* e povoados rurais do Leste Europeu —, bem como muito da música de recreação, cantos de trabalho e bordões de centros urbanos. Mesmo o blues original, a despeito de sua forte inserção posterior no mercado fonográfico, pode ser entendido como decorrente direto desse universo.

Não são incomuns as avaliações erradas — demasiadamente erradas — que grandes intelectuais fazem quando precisam analisar a possibilidade ou o impacto de uma novidade tecnológica. Em 1998, por exemplo, o economista Paul Krugman comentou que "por volta de 2005, mais ou menos, ficará claro que o impacto da internet na economia não será maior que aquele dos aparelhos de fax". Imagine o leitor: Krugman sugere que o impacto econômico da internet seria irrelevante! Não deixa de ser irônico que por volta de 2005 (mais exatamente, em 2008), a despeito do impressionante erro de previsão, Krugman tenha ganhado o Nobel de Economia...

Do mesmo modo, outro notável, santo Isidoro de Sevilha — autor, em sua *Etymologiae*, do que reconhecemos como o primeiro esforço enciclopédico da cultura ocidental —, vaticinou em algum momento das primeiras décadas do século VII: *Nisi enim ab homine memoria teneantur, soni pereunt, quia scribi non possunt*.* Traduzindo: "A não ser que sejam lembrados pelos homens, os sons perecem, pois eles não podem ser escritos".

---

* Isidoro de Sevilha, *Etymologiarum sive Originum*. Org. de W. M. Lindsay. Oxford: Oxford University Press, 1911, v. 3, cap. 15, p. 2.

Como? Sim, o doutor da Igreja sugeriu que era impossível escrever música. À luz da história, a ingenuidade dessa outra previsão também é cômica. Mas nos é útil por demonstrar a verdadeira revolução que a escrita realiza, e não apenas na mente dos intelectuais, mas na cultura musical como um todo.

Experimentos de notação musical existiram de forma incipiente desde a mais remota antiguidade. No entanto, a proposta de notação como um código reconhecível por gerações é revolucionária e origina-se em meados do século IX. Inicialmente desenvolvido por questões meramente administrativas, no ambiente da Igreja católica, suas primeiras notações, por *neumas* — um sistema de pontos e traços posicionados acima do texto alfabético —, diz tanto da notação atual quanto o ábaco diz do sistema operacional da Apple.

A história da grafia musical é fascinante. Hoje nos é permitido traçar uma genealogia mais ou menos reconhecível, dos *neumas* à escrita atual, com expedientes e inovações que, ao longo da história, por iniciativa de grupos como do Ars Nova ou indivíduos como Guido D'Arezzo (os verdadeiros Tim Berners-Lee e Larry Page da música), revolucionaram o ambiente informacional.*

Que na experiência oral as figuras do compositor, editor, intérprete, musicólogo, crítico e ouvinte estejam organizados na cadeia criativa dual intérprete/ouvinte seria por si só argumento suficiente para entender a revolução e o impacto do pentagrama (ou pauta), e, mais ainda, do pentagrama impresso. Mas tal revolução, vista de perto, conta com estruturas ainda mais complexas. Será apenas a partir da tradição escrita que se criam, tais como as que conhecemos hoje, as questões de fidelidade (a música como obra cujo mapa, a partitura, deve ser

---

* Tim Berners-Lee é reconhecido como o inventor da internet; Larry Page (ao lado de Sergey Brin) é o criador do Google.

respeitado), autoria (identificação com o criador da obra), disseminação (tocar a mesma música em diferentes cidades, em outras eras e em outros contextos), estilização (formas particulares de notar a partitura), preservação ou interpretação (formas de ler a partitura e executá-las).

Chamar essa grande produção de "música clássica" é tanto respeitar um dado estético quanto caracterizar precisamente uma realidade ontológica. Afinal, se existe algo que nos permite situar numa mesma linha de tradição as radicalmente distintas sonoridades de Hildegard von Bingen (1098-1179) e John Cage (1912-92), é exatamente a relação que cada uma de suas obras tem com a tecnologia de registro, a relação de como ambos autores estruturam suas músicas por e a partir do texto musical escrito.

O fonógrafo foi inventado no fim do século XIX. O aparelho inseriu tecnologia e procedimentos mecânicos e elétricos na gravação e reprodução das ondas sonoras. A tecnologia, que inicialmente foi inventada como mero registro do som, acabou por reorganizar e abrir outras variáveis para a própria criação musical. O musicólogo americano Mark Katz[*] nos aponta alguns desses novos aspectos: tangibilidade ("ter" e colecionar música), portabilidade (levar a música do teatro para casa), invisibilidade (não fazer questão de ver quem está tocando), repetição (ouvir a mesma performance diversas vezes, às vezes por horas a fio), limitação de tempo (um disco no início da era do fonograma tinha pouco mais de três minutos, o que acabou criando o formato padrão para o gênero que tem esse suporte como ponto de partida) e manipulação (que tal falar em edição de melhores excertos, ou mais modernamente no DJ?). Essas

---

[*] Mark Katz, *Capturing Sound: How Technology Has Changed Music*. Berkeley: University of California Press, 2010, pp. 8-48.

questões são colocadas diretamente pela tecnologia e fundam um novo modo de produção musical. Qual Isidoro de Sevilha, não poderíamos sequer imaginar algo semelhante a isso antes do fonógrafo...

A tradição fonográfica é a da música popular. Uma parte dela culmina no jazz (para entender como o jazz é influenciado pela tecnologia do fonógrafo, sugiro a leitura do mesmo Mark Katz), outra revisita o rico repertório folclórico e se subdivide entre as inúmeras manifestações do nosso dia a dia — como o blues moderno, o rock, a dita world music ou mesmo o nosso samba. A nova tecnologia gera consequências bastante evidentes:

- Para o público, a música ficou mais acessível e mais barata; por outro lado, seu cultivo tornou-se mais passivo e descontextualizado;
- Para o intérprete, existe a possibilidade de ter acesso a executantes de outros tempos ou escolas, e o caráter pedagógico da gravação é incontestável; por outro lado, a "cadeia produtiva" se tornou mais complexa e agora, para evoluir profissionalmente, o músico deve lidar com todo um aparato industrial de comercialização, com estratégias próprias de mercado, marketing e produtos agregados que extrapolam em muito o mero conhecimento musical;
- Para o compositor, a tendência natural é confundir-se cada vez mais com o intérprete da obra, visto que, como autor, fica credenciado naturalmente como voz certificada; uma vez registrada, a música perdurará para sempre, servindo de modelo para interpretações posteriores, como acontece com os grandes álbuns de Miles Davis ou João Gilberto — um efeito similar que ocorre também com as gravações de obras de Villa-Lobos ou Stravínski a que temos acesso, dirigidas pelos próprios compositores.

Com a reprodução por meios mecânicos ou digitais, a escrita musical se torna necessariamente obsoleta? É claro que não. Mas, de certa maneira, toda criação clássica do pós-guerra problematiza o registro escrito, a forma mesma por onde ela se processa, o que poderia explicar a emergência de técnicas seriais, como as propostas por Arnold Schoenberg (1874-1951) e Olivier Messiaen (1908-92), ou ainda as partituras gráficas de George Crumb (1929-) e Murray Schafer (1933-).

A partir das três formas de registro — auditivo, gráfico e fonográfico — torna-se possível determinar os gêneros existentes, suas propriedades específicas e complexidades aparentes. Sabendo disso, o melômano pode exercitar-se e tentar distinguir, dentro de cada gênero, as músicas de maior ou menor densidade. Afinal, a música folclórica conta com as canções de Kuarup e as riquíssimas obras *klezmer* de raiz judaica, por exemplo. Na música clássica entram coisas deliciosas e diferentíssimas como as valsas da família Strauss, as sinfonias de Sibelius, as suítes ou cantatas de Bach, e *Gruppen* de Stockhausen. O gênero popular guarda em si Duke Ellington, Roberto Carlos, ABBA e Pink Floyd.

Aí, e somente aí, entra a questão do gosto, que é definitivamente um problema mais complexo a ser ponderado a partir das expectativas culturais e a disponibilidade pessoal do ouvinte; pode-se julgar cada obra não só pelo seu valor intrínseco, mas também — e principalmente — pela sua posição perante toda a tradição na qual está inserida. O que não dá é imaginar que um gênero por si só seja suficiente para qualificar qualquer coisa: tem música clássica ruim, música folclórica boa, música popular excelente. E também o inverso.

A aventura da arte em nosso tempo é submergir e emergir em cada um dos gêneros disponíveis e tirar dessa experiência aquilo que definitivamente tem o poder de transformar cada um. Esse é o nosso privilégio. Nesse ponto, e somente nesse, é que tanto faz se ouvimos alhos ou bugalhos, clássico ou rock, vestidos de fraque ou maiô de praia. Para ouvir música somos todos meio infantis, e "peixe" passa a ser tudo que está na água — baleia, tubarão, sereia ou tartaruga; o importante é brincar e se molhar.

Post scriptum: temos no Brasil um hábito curioso, que é chamar a música clássica por "música erudita". É curioso por vários motivos, sendo o mais impressionante deles o de ser uma espécie de jaboticaba, a dar apenas em nosso solo. Nem sequer em Portugal é assim. *Música clásica*, *musique classique*, *classical music* e *klassische musik* são os termos em espanhol, francês, inglês e alemão que designam o gênero em todos os cantos do mundo. A verdade é que o primeiro documento de que tenho conhecimento a usar o termo "música erudita" é do século XX, e trata-se de um artigo escrito por Mário de Andrade. Embora seu uso preserve a boa intenção de distinguir o gênero clássico do estilo clássico (uma questão específica de relevância musicológica), acho sinceramente uma nomenclatura artificial — e sim, um tanto elitista. De minha parte, aboli deliberadamente o uso do termo desde o início de minha atividade didática. Recomendo o mesmo a todo leitor.

Sugestões de leitura

Para aprofundar o tema deste capítulo, recomendo o pequeno livro de Mark Katz, *Capturing Sound: How Technology Has Changed Music* (Berkeley: University of California Press, 2010); é um deleite para todo aficionado em música ou curioso da história da cultura. Além dele, recomendaria tudo de Walter J. Ong. Caso precise escolher, a melhor síntese de suas teses está no citado *Orality and Literacy: The Technologizing of the Word* (Abingdon: Routledge, 1982), que encontrou há alguns anos uma excelente edição em português (*Oralidade e cultura escrita*. Trad. de Enid Abreu Dobránsky. São Paulo: Papirus, 1998).

2.
"Fragmentos do discurso musical"

Maestro

O termo, em italiano, quer dizer "mestre". Assim, é usado originalmente para todo tipo de personalidade que alcance certo nível de respeito e prestígio entre seus pares: atores, pianistas, pintores, escritores, jornalistas e até regentes de orquestra (que em italiano é chamado de *direttore d'orchestra*). A rigor, nem todo regente de orquestra é um maestro.

Seu feminino em italiano é *maestra*, e não *maestrina*, que, ainda em italiano, designa as professoras de escolas infantis, significando, literalmente, "professorinha".

Spalla

É o primeiro entre os primeiros violinos de uma orquestra. Protocolarmente, é o representante do conjunto de músicos frente ao público e ao maestro, por isso recebendo os aplausos no início do espetáculo. O spalla é responsável pela "ecologia" do grupo e, entre outros predicados, garante a afinação, além de indicar à orquestra a conveniência de se levantar nos agradecimentos ao final de cada obra ou do espetáculo. O termo é italiano e a função é chamada de *concertmaster* nos Estados Unidos e *leader* na Inglaterra.

Ato x Movimento

As partes de uma peça instrumental, como capítulos de um livro, são chamadas de "movimento". As partes de uma ópera, também como capítulos de livro, são chamadas de "ato". Assim, falamos do primeiro "ato" de uma ópera, do quarto "movimento" de uma sinfonia, suíte ou concerto. A *Sonata ao luar* de Beethoven, por exemplo, possui três movimentos; já a ópera *La Bohème*, de Puccini, tem quatro atos.

Um espetáculo sinfônico tem muitas vezes duas partes separadas por um intervalo; são duas "partes", não dois movimentos ou dois atos...

Ária e recitativo

Muitos compositores de ópera usam a estratégia de construir as partes de seu espetáculo dividindo o texto do libreto — o roteiro da ópera — entre árias e recitativos. Eles são, respectivamente, a parte em que o cantor entoa as melodias que todo público sairá cantarolando, e aquela outra em que os personagens conversam e fazem caminhar a trama numa espécie de "fala afinada". É uma nomenclatura técnica, mas que acaba sendo muito usada no dia a dia entre profissionais. O leitor, um pouco como o personagem de Molière, que, quando aprende a diferença entre poesia e prosa, choca-se ao saber que falou "prosa" por toda a vida, provavelmente ouviu recitativos e árias sem nunca precisar dar-se conta da diferença.

Allegro, andante, presto...

São indicações do caráter de cada seção ou obra musical, uma espécie de sugestão emocional ou de temperamento para o intérprete e ouvinte. Como um desdobramento empírico, tornam-se indicativos do andamento: um allegro deve soar rápido, um largo, vagaroso. Esta relação se estabelece inequivocamente, no entanto, apenas no adiantado da história, com a invenção de um equipamento específico para medição do tempo, o metrônomo, por Johann Maelzel (1772-1838), em 1816. Desde o final do século XIX, os termos originais em italiano são muito comumente traduzidos, com seus correlatos em alemão (*sehr schnell*, *lustig*, *langsam* etc.) ou português (rápido, indolente, vagarosamente etc.), conforme utilizados por Gustav Mahler e Camargo Guarnieri.

Sonata

Em música, chamamos de "sonata" duas coisas distintas. Uma delas refere-se a uma forma específica, que organiza um discurso único em três seções, com temas em ao menos duas tonalidades diferentes. A sonata é o mais complexo discurso musical da cultura ocidental — até existem estruturas maiores, mas apenas as sonatas preveem a concatenação em um todo coeso de temas e tonalidades distintas.

Uma outra acepção de "sonata" designa uma peça para um ou dois instrumentos em mais de um movimento (o nome é uma metonímia, ou sinédoque, que atribui ao todo o nome de uma parte, já que muitos dos movimentos de uma "sonata" se organizam na "forma sonata" descrita no parágrafo acima). Quando com mais instrumentos, essa mesma organização em movimentos chama-se trio, quarteto, sexteto ou sinfonia (para orquestra sinfônica).

Sinfônica e Filarmônica

A "orquestra sinfônica" é o nome da formação com naipes de instrumentos divididos em: cordas (violinos, violas, violoncelos e contrabaixos), madeiras (flauta, oboé, clarinete e fagote), metais (trompete, trombone e tuba) e percussão (tímpanos e outros). Eventualmente, conta com uma ou mais harpas, piano ou o instrumento previsto pelo compositor, que é livre para escolher o timbre que desejar (guitarras elétricas, bandolins e o que for).

"Filarmônica" é o nome pelo qual se intitulam muitas sociedades de amantes da música (de *philos* + harmonia); naturalmente, algumas dessas sociedades estiveram por trás do financiamento e da estruturação de orquestras sinfônicas, que recebiam por isso o nome comercial de "orquestra filarmônica". Assim, toda filarmônica é uma sinfônica, mas nem toda sinfônica é uma filarmônica.

Opus

Até o fim do século XVIII não havia um mercado estruturado de edição de partituras musicais, tampouco havia mercado consumidor para tais produtos. Quando finalmente um público não aristocrático começou a cultivar a música em domicílio, os compositores passaram a publicar suas peças. O *Opus* trata da ordem de tais publicações. *Opus 1* designa a primeira obra publicada; *Opus 45*, a quadragésima quinta. Por vezes a publicação era em forma de coleção, por isso *Opus 1, nº 4*, significa que se trata da quarta peça da primeira coleção publicada.

Duas coisas curiosas dignas de nota. A primeira: nem sempre a ordem de publicação segue a ordem cronológica de criação. O *Opus 21* de Chopin, por exemplo, foi criado antes de seu *Opus 11* (seus dois concertos para piano). Ainda: como a catalogação do repertório anterior ao universo editorial da música era descuidada, muito do repertório até fins do século XVIII foi organizado a posteriori. Nesses casos, substitui-se o *Opus*. Para J. S. Bach (1685--1750), por exemplo, usa-se o termo BWV (*Bach-Werke-Verzeichnis*, ou "Catálogo de Obras de Bach"); já para Domenico Scarlatti

(1685-1757), usa-se L. ou K. — abreviaturas que resultam, respectivamente, dos esforços de catalogação de Alessandro Longo, na década de 1910, e de Ralph Kirkpatrick, na década de 1950. Na obra de W. A. Mozart, usamos o catálogo Köchel, com a abreviatura K., organizado em ordem cronológica (ou quase) pelo musicólogo austríaco Ludwig von Köchel, em 1862.

Timbre

O timbre faz referência à personalidade dos instrumentos. É o que diferencia uma flauta de um piano quando tocam a mesma nota (há complexos aspectos acústicos envolvidos, cuja análise aqui é desnecessária). Alguns almanaques chamam o timbre de a "cor do som". É uma analogia simpática.

Soprano, tenor e outros

Os tipos de voz são: baixo, barítono e tenor (vozes masculinas); contralto, mezzo-soprano e soprano (femininas). Elenco-as aqui, em ambos os grupos, da mais grave à mais aguda. Essas referências dizem respeito ao que chamamos de "tessitura", ou seja, a extensão da voz. Imagine que as vozes devam emular as notas de um piano: o baixo (voz grave masculina) percorreria mais naturalmente aquelas teclas à esquerda do pianista, a soprano, aquelas à direita. E todas as outras vozes ocupariam, paulatinamente, a região intermediária. Outras vozes — contratenor, sopranino e que tais — podem ser entendidas, grosso modo, como desdobramentos da classificação principal.

O timbre da voz, em alguns casos, também possui um esboço de classificação: tenor heroico ou dramático, soprano ligeiro, lírico ou dramático, baixo profundo etc. Pela grande variedade de tipos, raramente essas categorias podem ser entendidas de modo taxativo.

Afinação

Trata da adequação das frequências das notas para efeito das harmonias, dissonâncias e consonâncias previstas segundo a expectativa de nossa sensibilidade. Afinação é, assim, sempre uma relação entre notas. De modo geral, ela parte de convenções internacionais para uma nota determinada. O "lá", por exemplo, deve soar entre 436 e 448 hertz, tendo no mais das vezes consagrada a referência em 440 hertz. A partir dessa nota, por sistemas variados de cálculo de proporções (2/1, 3/2, 4/3, 5/4 ou 6/5 do valor original), chega-se às demais notas.

Sistemas variados? Sim. Existem ao menos três sistemas de afinação consagrados: o natural ou pitagórico, o mesotônico e, por fim, o temperamento igual (usado nos pianos modernos). Há outros. Os motivos da desafinação, no entanto, não são meramente matemáticos. Na música de conjunto, exatamente por conta da complexidade tímbrica e das ondas sonoras resultantes do aglomerado de notas, as alturas precisam ser a todo momento delicadamente ajustadas pelos instrumentistas, de forma mais ou menos intuitiva.

Música tonal e atonal

Costumo definir por "tonal" uma espécie de sensibilidade — aquela que nos permite prever certa lógica das sonoridades, e dela inferir, mesmo sem texto, que a música concluiu uma ideia, desenvolveu outra ou chegou ao fim. Podemos entender essa "lógica" em qualquer das obras de Bach ou de Mozart. Mas minha definição é aproximada, pois muito dessa capacidade de interlocução entre ouvinte e música já está presente no repertório de tradição oral, em comunidades dos cinco continentes, cuja prática chamamos de "modal". Qualquer raga indiana, por exemplo, serviria para ilustrar essa ressalva.

Às sensibilidades tonal e modal, assim, contrapõem-se àquela "atonal", uma invenção da segunda metade do século XIX. O "atonal" é identificado em uma música, no todo ou em partes, quando dela é eliminado o aspecto comunicante que garante certo sentido lógico narrativo. Por isso, de modo geral, sentimos na música atonal certa vertigem, a desorientação mesma que não nos permite antecipar início, meio e fim de uma ideia ou discurso. Para exemplificar, sempre sugiro a escuta da singela *Nuages gris*, de Franz Liszt.

Técnica dodecafônica

A técnica dodecafônica foi inventada pelo compositor Arnold Schoenberg (1874-1951). Seu objetivo era criar um processo sistemático, ou ao menos inteligível, para a criação de obras de sensibilidade atonal. Essa técnica funciona com a utilização das sete notas conhecidas (dó, ré, mi, fá, sol, lá, si) e as cinco entre algumas delas (as teclas pretas do piano), perfazendo doze notas, daí seu nome ser formado pelas partículas "dodeca" (doze) + "fonos" (sons). Uma vez apresentadas em qualquer ordem, sem repetição, as doze notas formam uma série, que pode ser repetida variadamente por meio de alguns tipos de permutação. Agindo assim, a música resultante não possuirá um "centro tonal", ou seja, não dará ao ouvinte uma referência explícita de qual é a nota mais importante. Tendo por origem uma preocupação pedagógica, a técnica dodecafônica acaba inaugurando uma *forma mentis* absolutamente nova, a que chamamos de "serial". Minha obra dodecafônica preferida são as *Variações* para piano, *Opus 27*, de Anton Webern.

Tonalidade

Se a "música tonal" trata de uma certa sensibilidade, a tonalidade é a determinação objetiva desta sensibilidade: dó maior, si bemol maior, fá sustenido menor. Ou seja, a tonalidade descreve ao ouvinte a topografia ou, ao menos, o "centro de gravidade" de certas paisagens sonoras: o "dó" significando a frequência dominante, e "maior" a relação que essa frequência tem com as outras notas previstas no sistema ocidental. Maior ou menor são descrições de um conjunto de notas cuja expectativa de convívio é "natural" na maior parte do tempo. É através da percepção e compreensão dessas notas que construímos expectativas, tensão e resolução nas ideias musicais.

Ritmo

Em música, "ritmo" trata, em um sentido mais amplo, de toda a gama de relações e intercorrências do som no tempo. Para um músico, o ritmo se organiza em diversos níveis, descritos em três termos: pulso, compasso e ritmo. O pulso lida com uma regularidade intuída e subjacente em praticamente todo o repertório; o compasso, com a aglutinação em termos mais ou menos homogêneos do pulso. Um exemplo concreto: na canção "Parabéns pra você", o pulso é marcado pelas palmas que batemos desde tenra idade; já o compasso está na padronização de tempos fortes e fracos, que facilmente conseguimos identificar, a cada grupo de três palmas (três pulsos) batido no decorrer da canção. Por isso podemos dizer que ela possui compasso ternário.

Em seu sentido mais estrito, chamamos por ritmo, ainda, toda a complexa rede de notas curtas e longas nessa mesma canção, aquilo que é entoado pelas sílabas, ou seja, toda estrutura presente na melodia que não as notas afinadas.

Sugestões de leitura

Foi publicado no Brasil, há algum tempo, um simpático *Guia ilustrado de música clássica* (São Paulo: Zahar, 2006). É uma tradução de um volume da série "Eyewitness Companions", da editora DK Adult (na edição original, de 2005, intitula-se *Classical Music*), e faz, como os outros volumes da coleção, um esforço enciclopédico. Muito útil como um almanaque de consulta para questões panorâmicas. Roy Bennett publicou dois livrinhos interessantes pela Universidade de Cambridge, ambos traduzidos para o português, também pela Zahar: *Elementos básicos da música* (1990) e *Uma breve história da música* (1986). A editora Globo lançou, ainda, *O livro da música clássica* (Rio de Janeiro: Globo, 2019), que pode ser funcional pela catalogação de informações gerais e boas curiosidades; não há muita exatidão acadêmica, e nem é o caso, pois o livro insere-se no bojo de uma coleção dedicada a temas diversos.

3.
Rehearsing, re-hearing: Ouvindo a *Nona sinfonia* de Beethoven pela centésima vez...

Não é novidade alguma que hoje um amante médio de música clássica ouviu mais música que, por exemplo, Beethoven. Um tipo mais espirituoso poderá argumentar que a comparação não é boa, pois Beethoven morreu surdo. Adianto, desde já, que minha afirmação anterior não tem nada a ver com a capacidade auditiva do gênio de Bonn. Apenas me parece inquestionável termos tido, cada um de nós, mais oportunidades do que o próprio compositor de ouvir sua *Nona sinfonia*. Afinal, sabemos por documentos que Beethoven assistiu (no caso, mais viu que ouviu) a uma única performance da obra, no dia 7 de maio de 1824, em Viena.

Seja por meio de programas de rádio, aplicativos, gravações em CD ou Blu-Ray, ou mesmo com apresentações em salas de concerto ou parques, o público melômano tem à sua disposição um repertório mais vasto e sua audição está mais acostumada à música clássica, de todos os séculos, que os verdadeiros profissionais do ramo até cem anos atrás. E mais: hoje selecionamos o que nos interessa, e repetimos em sequência, diversas vezes, trechos inteiros ou a íntegra de um catálogo específico ou genérico, uma impossibilidade evidente para qualquer compositor até pelo menos a década de 1920. Podemos ao longo de uma vida escutar a totalidade da obra de Chopin, ou ter, na ponta dos dedos, uma panorâmica da música italiana da década de 1920; e ainda conseguimos, dependendo apenas da nossa vontade, ouvir mais música que Mozart, Robert

Schumann, Johannes Brahms ou Gustav Mahler — e não é incrível pensar que o mais provável é que Richard Wagner jamais tenha escutado a música de Antonio Vivaldi?

Sim, são observações desprovidas de consequência científica, mas elas me deixam perplexo mesmo assim. Hoje o tema do último movimento da *Nona sinfonia* pode ser ouvido em shows de rock e assobiado por crianças. É peça emblemática para o humanista culto, e ainda participa de eventos midiáticos, como o concerto-show em comemoração à queda do Muro de Berlim. Em suma: algumas obras de Beethoven, não apenas a *Nona sinfonia*, mas os primeiros compassos da *Quinta sinfonia*, ou a singela bagatela para piano "Pour Elise" (que ouvíamos em alguns carros de gás por São Paulo), são parte do repertório cotidiano internacional e podemos dizer, nestes termos, que são tanto de Beethoven quanto nossas.

É claro, sempre que falamos de quantidade de audições devemos enfrentar seu duplo e, por vezes, seu contrário: a qualidade das audições. Há dois aspectos nessa questão. Um lida com a condição das orquestras e dos artistas, sobretudo os grandes. Podemos dar por certo que as orquestras profissionais da atualidade estão habituadas tanto à linguagem de um compositor romântico quanto à de um modernista revolucionário do princípio do século XX; além disso, mantêm-se forçosamente mais bem ensaiadas que qualquer uma de suas congêneres do início do século XIX (ao que parece, Beethoven dispôs de apenas dois ensaios para a apresentação da *Nona sinfonia*). Ou seja, ouvimos suas obras mais e melhor do que ele e seus contemporâneos jamais puderam ouvir.

Mas há o segundo aspecto da questão. De modo geral, a estratégia que o público médio usa para ouvir música clássica não é lá muito ortodoxa. Poucos de fato se concentram, e menos ainda conseguem ler o texto musical daquilo que estão ouvindo. Há, na média, uma menor capacidade de concentração e envolvimento.

Ao menos essa é a acusação corrente. Disperso pela atmosfera informativa da cultura digital, o ouvinte escuta o coral "Alle Menschen werden Brüder" ausente em espírito — o oposto simétrico de Beethoven, presente em espírito mas ausente em carne, completamente surdo já na performance de 1824. Convenhamos, nos dias de hoje, não é incomum, ou mesmo impróprio, usar o coral como música de fundo para afazeres rotineiros: afinal, com o smartphone conectado ao bluetooth, por que não um pouco do último movimento da *Nona sinfonia* para animar a lavagem da louça?

O que criadores e pesquisadores da música ambiente têm discutido é que todo tipo de estratégia de escuta, e suas diferentes situações, podem estimular ativamente a percepção.*
Segundo eles, o grau de apreensão da música depende, sobretudo, das necessidades ou atividades com as quais a escuta compete. A música ambiente não é, de qualquer modo, necessariamente neutra, mero "pano de fundo". Enquanto soa, ocupa aspectos importantes de nossa relação com tempo e espaço em interações ativas, mesmo que em níveis sensoriais mais básicos. Há mesmo profissionais que se valem explicitamente dessa estratégia. Em uma entrevista de 2006, o pianista polonês Krystian Zimerman disse que, por vezes, memoriza algumas obras do seu repertório ouvindo-as enquanto dirige pelas estradas europeias!

---

* *Muzak* é o nome técnico do gênero de música composta para ser usada como música ambiente. Sua longa história remonta aos primeiros experimentos futuristas, de artistas italianos como Luigi Russolo, ou outros da vanguarda francesa, como Erik Satie. O compositor Brian Eno (1948-) é o mais influente propositor do gênero em atividade. Talvez seja importante notar que mesmo se ouvirmos a *Nona sinfonia* de Beethoven enquanto dirigimos, ou trabalhamos no computador, não fazemos dela *Muzak*.

Claro, a *Nona sinfonia* de Beethoven que se escuta ao volante — mesmo que estejamos dirigindo pelas retilíneas estradas europeias — é recebida de outro modo, diferente daquela a que assistimos ao vivo, na moldura de silêncio das salas de concerto. O mesmo acontece entre a *Nona sinfonia* que sentamos para ver e ouvir em performances ao vivo, abertos a outro tipo de envolvimento, e aquela que ouvimos e vemos concentrados na tarde de domingo, usando o Blu-Ray.

Por isso, acho irrelevante perguntar se estamos lidando com audições melhores ou piores. Meu ponto é outro: em situações concretas, com tais e tão reiteradas oportunidades, jamais ouvimos a música do mesmo jeito. E é assim não apenas por causa da nossa concentração ou postura. Podemos estar completamente dedicados à performance, mas nossa audição e compreensão, mesmo nessas situações de absoluta concentração, mudam radicalmente ao longo do tempo.

A primeira vez que assisti à *Nona sinfonia* foi pela televisão. Era a gravação de Kurt Masur e sua orquestra do Gewandhaus, de Leipzig. Eu então não sabia, mas a performance contava com pequenas estrelas de segundo time da música clássica, cantores como Venceslava Hruba-Freiberger (soprano), Doris Soffel (mezzo-soprano), James Wagner (tenor) e Gwynne Howell (baixo). Masur, à época da performance, era já uma lenda no ambiente musical, por sua posição política qualificada no tenso período pós-queda do Muro de Berlim. Disso eu também nada sabia e, a bem da verdade, não parecia importante.

O maestro, com seu modo pitoresco de reger, sem batuta, e com pequenos "espasmos" na mão direita, me magnetizou; sua imagem foi para mim uma duradoura referência, e continuava sendo dez anos depois, quando comecei a estudar direção de orquestra. O tenor, negro como minha mãe, meus avós e meus tios, e com um modo de cantar em que já pude identificar um gingado incomum para Beethoven, me fez crer ser possível ter uma carreira na música clássica. O tema do último movimento me era conhecido, mas o que eu ouvia quase sonhando eram as cores e a rítmica compulsiva, algo heavy metal, do scherzo. Desde então, o tímpano tornou-se meu instrumento de predileção, e a *Nona sinfonia*, sua apoteose!

Pouco depois, o scherzo se reconfigurou. Foi quando vi o filme *Laranja mecânica*, de Stanley Kubrick, e imediatamente devorei o livro homônimo de Anthony Burgess. A figura do protagonista Alex, um jovem atormentado e criminoso, apaixonado pela música de Beethoven — e apaixonado pelas imagens atrozes que a música lhe provocava —, foi uma das mais recorrentes da minha adolescência. Não consegui entender as forças envolvidas naquilo tudo até que li alguns ensaios de Burgess. Para o autor, a história de Alex versava sobre o livre-arbítrio, e Beethoven era usado, no livro e no filme, como uma síntese, o símbolo de algo muito maior: a própria Beleza. E ela, a Beleza, servia para corroborar a humanidade do protagonista.

Burgess, portanto, recorria a um artifício sofisticado. Afinal, sugere ele, se o jovem Alex ouvia e amava algo como uma sinfonia de Beethoven, se ouvia e respeitava, por assim dizer, a Grande Beleza, é porque preservava em si as raízes da humanidade — muito embora, perverso, fizesse delas brotar obscenidades e violências. O próprio texto de Schiller usado por Beethoven reforça a ideia de uma fraternidade universal, e o argumento de Burgess é que o homem, quando verdadeiramente engajado na liberdade, deve saber que respeitar a liberdade humana é, acima de tudo, respeitar o homem e sua opção de fazer coisas erradas. Alex gostava do mal, e a verdadeira liberdade humana reside na possibilidade de fazer o mal. Burgess queria que o livro fosse quase um pequeno projeto apologético, com a redenção final do protagonista que, infelizmente para o autor, Kubrick não incluiria no filme.

No filme e no livro, Alex é humano como todos nós. E isso deveria nos levar a pensar por que não seríamos, ao menos potencialmente, igualmente abjetos e vis. "*Alle Menschen werden Brüder*": "todos homens são irmãos", e talvez fosse verdade que o segredo de uma visão de mundo sã é enxergar a virtude nos outros e as raízes do caos em si mesmos. Ouvi desde então algumas dezenas de vezes a *Nona sinfonia*, e ela foi durante esse tempo, em muitos sentidos, um gatilho para reflexões existenciais, inquietações morais que eu não estava evidentemente maduro para levar adiante. E assim, através de Kubrick e Burgess, o pobre e velho Ludwig van sedimentou-se como compositor de uma sinfonia antes de tudo filosófica. Com *Laranja mecânica*, a *Nona* de Beethoven virou para mim, por anos, a trilha sonora de tais devaneios. Afinal, se amar a Beleza não nos faz melhores, faz o quê?

Um dos corolários da filosofia da arte de Friedrich Schelling diz que "a arquitetura, necessariamente, constrói segundo relações aritméticas ou, *porque é a música no espaço*, segundo relações geométricas" (grifo meu). A referência é evidentemente contextualizada apenas à luz da doutrina idealista alemã. Mas a ideia de a arquitetura ser a música no espaço é provocativa e poética demais para não ser levada adiante.

Quando iniciei minha atividade como regente de orquestra, as sinfonias de Beethoven se tornaram material ordinário — foi quando, conhecidas com alguma profundidade, com trechos e movimentos inteiros de cor, fichadas cuidadosa e detalhadamente, elas começaram a fazer parte do meu repertório profissional. Nessa situação — é comum acontecer —, perdemos um pouco da capacidade de nos surpreender, e os termos poéticos de uma ou outra performance acabam por ser avaliados a partir de suas idiossincrasias técnicas. Um pequeno avanço para a mente, mas uma grande perda para o coração.

Mas o coração se regenera. Em outro momento da vida adulta, tive a oportunidade de uma pequena temporada em Berlim. Foi quando, próximo às festas de fim de ano, vi programada a *Nona sinfonia* de Beethoven, que é obra recorrente na época de Natal em várias instituições musicais alemãs. A apresentação se daria no fim da tarde do dia 31 de dezembro, com a Orquestra Sinfônica da Rádio de Berlim, sob a regência de seu diretor musical, o lendário maestro polonês Marek Janowski.

Sendo aquela a quarta orquestra berlinense — menos prestigiosa que a filarmônica, a orquestra da ópera, ou mesmo a orquestra sinfônica local —, não me pareceu um evento notável senão pela oportunidade de levar minha mãe a conhecer o espaço arquitetônico e ouvir o que afinal era um *blockbuster* do repertório clássico. Ela iria gostar, eu sabia. Foi nesse espírito de boa-fé que sentei naquelas não muito cômodas fileiras da sala principal do Konzerthaus Berlin.

Para quem não conhece, vale a descrição. Trata-se de uma sala retangular, no tradicional formato que os amantes de música chamam de "caixa de sapato", apelido um pouco rude, mas muito adequado para descrever suas proporções de largura, comprimento e altura. O público paulista há de reconhecê-las, pois é o mesmo formato da Sala São Paulo. O projeto da Konzerthaus é do arquiteto e urbanista Karl Friedrich Schinkel (1781-1841), e sua construção ocorreu entre 1818 e 1821. De estilo neoclássico, seu exterior é decorado com esculturas de Friedrich Tieck (1776-1851) e seu interior é austero, num arranjo de bustos em mármore e colunas lisas. Os assentos do público são dispostos em dois grandes grupos de filas enormes. Os assentos são de madeira, e não necessariamente muito confortáveis. A acústica, no entanto, é quase perfeita.

Algo no ambiente me impressionou desde os primeiros compassos da apresentação, integralmente dedicada à *Nona sinfonia*. Tal como foi executada pela orquestra, esse fator misterioso me fez imaginar uma relação entre a arquitetura da sala e a própria forma do movimento de abertura da sinfonia. Um pequeno experimento sinestésico intraduzível em detalhes, e que jamais se repetiu. Mas na ocasião me pareceu convincente e comovente. Depois, já em casa, percebi que o período de construção do prédio e da sinfonia eram os mesmos, dando-me conta, claro, que alguma relação eventual poderia se estabelecer entre ambos. Minha emoção, horas antes, ao longo da performance, não contara com nenhum desses elementos racionais, havia sido espontânea e forte o bastante para me levar às lágrimas.

Pouco há de comum entre minhas interpretações da *Nona* e aquelas de seus outros cultuadores, ou a de seu criador. O que Beethoven quis dizer, o que Burgess esperava como efeito, o que Kubrick fez, o que Schinkel construiu, o que a orquestra interpretou e o que eu entendi foram coisas absolutamente diferentes. As minhas conjecturas resultavam, afinal, em *Nonas sinfonias* pessoais, díspares, que, se comparadas, pouco tinham a ver entre si. As da "era" Masur geravam em mim um frisson quase juvenil, enquanto as pós-Kubrick eram convites à introspecção (com uma pequena catarse ao fim, sem dúvida). A epifania em Berlim, embora pudesse desdobrar-se em teses acadêmicas pretensiosas, era fruto de mera percepção emotiva, algo quase infantil.

E aqui voltamos ao início do capítulo. Pois o que realmente importa é que tais perspectivas não dependiam da qualidade da minha atenção. Dependiam, isso sim, do fato de eu voltar à *Nona sinfonia* em momentos diferentes da vida, e fazê-lo sofisticado pelo tempo, por experiências vividas e novos devaneios.

Hoje sei que, no fim das contas, é normal que seja assim. A primeira parte de aprender a ouvir clássicos na era pós-moderna, entre tantas oportunidades e gravações, aplicativos e celulares, em salas de concerto ou ao ar livre, é de algum modo aprender a lidar com as inúmeras sensações que conhecemos quando interagimos, ao longo do tempo, com uma mesma música. Saber ouvir os clássicos nos dias de hoje é, a cada ocasião, também reaprendê-los intimamente.

O nosso é um tempo que, se precisasse ser traduzido matematicamente, seria como um sistema de variáveis múltiplas e complexas. Nossa relação com o repertório da música clássica acaba por se dar, queiramos ou não, nesses termos. O mundo contemporâneo exige essa predisposição plural, uma experiência auditiva rica e mutável, intensa exatamente por não ser unívoca. Ouvimos e esquecemos, ouvimos e pensamos, ouvimos pela televisão e pelo rádio, ouvimos tristes, ouvimos ocupados, ouvimos sem querer...

Atualmente, a música clássica, como qualquer obra de arte, se desafia em nós. Ela exige um ouvinte que seja também um cocriador. Nessa exigência, ela precisa encontrar interlocutores à altura para que desabroche como nova. Pois somos nós, hoje mais que nunca, que a fazemos grande.

Sugestões de leitura

Além do indispensável *Laranja mecânica* (São Paulo: Aleph, 2004), de Anthony Burgess, o leitor poderá ler *A Nona sinfonia: A obra-prima de Beethoven e o mundo na época de sua criação* (Rio de Janeiro: José Olympio, 2017), de Harvey Sachs. São duas fontes, uma literária ficcional, outra musicológica, que permitirão ao leitor entender a potência avassaladora de uma grande obra de arte. Outro livro que me ajudou a pensar música "fora da caixinha" foi *The Danger of Music and Other Anti-Utopian Essays* (Berkeley: University of California Press, 2008), de Richard Taruskin: controverso, mas sempre pertinente e estimulante.

4.
O ouvinte elegante: Sobre a etiqueta das salas de concerto

Convivemos com regras quando chegamos a qualquer lugar, até mesmo em nossa casa, quer moremos com nossos pais, quer tenhamos mudado para uma casa própria. E seja no almoço com amigos, seja em leituras de biblioteca, em alguma medida sempre adequamos nosso comportamento ao ambiente e às pessoas que ali estão. A isso podemos chamar "decoro". Alguns podem suspeitar tratar-se de termo ou prática anacrônica, e para estes sugiro a experiência em contrário: em um almoço na casa de seus sogros, passe todo o tempo calado no canto, com seu mais novo e estimulante livro. A resposta aparecerá prontamente, e da maneira mais concreta possível...

A coisa é até certo ponto corriqueira, tanto que mesmo os surfistas, sempre descontraídos e, a seu modo, autênticos bons vivants, têm uma palavra para caracterizar o sujeito socialmente inadequado: *haole* (o "h" soa como um "r" aspirado). Originária do Havaí, a gíria diz de pessoas que vêm de fora, não possuem a destreza necessária para surfar e são estranhas ao código específico da praia — atropelam quem tem preferência na onda, por exemplo, ou falam alto no mar, emporcalham a areia etc.

O fato é que é possível ser *haole* em muitos lugares, inclusive numa sala de concerto. Por sorte, as regras desses espaços não são fisicamente exigentes nem tão estritas e complexas quanto as da praia de Waimea. Mutatis mutandis, o coeficiente de adequação exigido de alguém que vai a um concerto de música clássica é mais ou menos o mesmo daquele que se esperaria de alguém que, nos anos 1960, decidisse ir ao festival de Woodstock, ou, para ficar em referências mais próximas, a um baile funk do Rio de Janeiro.

Isso não quer dizer que as regras, em cada um desses ambientes, sejam as mesmas. Ao me referir a Woodstock, não estou sugerindo que o ouvinte, quando for a um espetáculo clássico, besunte-se de lama da cabeça aos pés, ou prove um coquetel de drogas ilícitas. Se evoco um baile funk, nem por isso creio ser de bom tom usar bonés e colares de correntes grossas na sala de concertos. Lá também estão previstas algumas "regras" específicas, de comportamento e no modo de se vestir.

Como sabe qualquer consultor de etiqueta, o código de comportamento é, antes de tudo, um código de adequação. Não existe estar bem ou mal vestido, ser bem ou mal comportado, em termos absolutos; a pessoa se põe bem ou mal de acordo com as exigências de determinada situação.

Raramente precisamos obedecer a um *dress code*, com regras explícitas de vestuário. É natural que se vestir para o dia "exija" roupas diferentes da noite, um encontro informal entre amigos "exija" roupas diferentes de uma entrevista de emprego. No Rio de Janeiro, como o leitor há de reconhecer, é comum caminhar-se pelas ruas da Zona Sul com roupas de banho à vista; em São Paulo, incomoda a mim, carioca, ver alguém nesses trajes descendo no elevador em direção à piscina. Algo semelhante ocorre com o sujeito que vai à praia de terno e gravata, mesmo que o terno e a gravata, legítimos Armani, sejam muito bem cortados. O *haole* está aberto ao constrangimento involuntário também nos ambientes musicais, e isso inclui a sala de concerto.

Certa vez, com amigos da orquestra, fui a um ensaio de escola de samba no Rio de Janeiro. Fomos muito bem recebidos pelos artistas da bateria e alguns dos nossos percussionistas chegaram a tocar com eles. Por mais que estivéssemos como representantes da Orquestra Sinfônica do Estado de São Paulo, não havia qualquer motivo para vestirmos fraque e, lembro bem, não sem achar um pouco de graça, que alguns turistas estavam nitidamente vestidos demais para o calor e, por assim dizer, para a disponibilidade física que a ocasião exigia. Suavam como cabritos. Em resumo: nossos percussionistas estavam bem-vestidos de bermuda, enquanto os gringos estavam inapropriados, apesar de seus sapatos de couro, de suas calças jeans e camisas sociais. Não preciso dizer quem, naquela situação, era *haole*.

Lembro ainda de outra oportunidade quando, ao voltar de uma viagem pela Índia, parei alguns dias na Itália. Decidi visitar um professor em Palermo. Ele, um maestro, era então o diretor do Teatro Massimo, famoso como cenário de algumas cenas do filme *O poderoso chefão III*. Considerei usar algumas das elegantes roupas orientais que tanto me haviam impressionado (sendo as mulheres e os rapazes indianos notoriamente belíssimos). Vesti meu melhor e recém-comprado *pijama*, uma espécie de bata típica indiana, e calcei as muito confortáveis sandálias de couro. Não fui proibido de entrar no teatro histórico, longe disso, contudo percebi estar mais bem-vestido — embora muito menos confortável — dois dias depois, quando voltei ao teatro usando um terno. Da segunda vez, ao menos, as pessoas não paravam a conversa com olhares de pânico ao me ver passar; na primeira vez, eu, o brasileiro de *pijama* no Teatro Massimo de Palermo, era o *haole*.

Afora essas experiências, por assim dizer, extremas (uma espécie de pesquisa transcultural aplicada de rara pertinência), muitas de nossas regras de etiqueta nas salas de concerto dizem respeito a um bom senso razoável, por exemplo, a recomendação quase sempre implícita de não se ir a ópera e concertos com roupas de banho, ou de bermuda e camiseta. Se não fosse por mais nada, o ar-condicionado poderia deixar o ouvinte gripado. Ainda existem, no entanto, alguns eventos clássicos que têm exigências estritas quanto ao *dress code*. São raríssimos e geralmente muito explícitos quanto a essa demanda. A cada ano, parecem mais anacrônicos.

O importante é notar que o princípio geral para o comportamento em salas de concerto é simples e visa permitir que os outros ouçam a música sem ser incomodados. Na maioria absoluta das vezes, instrumentos e vozes não são amplificados, e como lidamos com uma música rica em detalhes, com passagens muito suaves, devemos deixar em paz os membros da plateia que querem ouvir tudo. A roupa pouco interfere no assunto. Falei muito da vestimenta por ser potencialmente um assunto espinhoso, já que o público muitas vezes é recebido por uma orquestra de fraque. Isso é assim devido a um antigo protocolo, segundo o qual o anfitrião deve estar tão bem-vestido quanto o mais bem-vestido de seus convidados. Daí, talvez, termos tido, no Rio de Janeiro da década 1950, senhoras que, mesmo sob um calor de 40°C, vestiam seu melhor casaco de pele! Por sorte, no mundo todo, foi há muito abolida a convenção do uso do fraque e demais trajes luxuosos. Podemos dizer que a roupa da orquestra, hoje, é mero figurino de época.

No Brasil, bem como nos países da Europa e nos Estados Unidos, já se pode frequentar as salas de concerto e os teatros de ópera com roupas bastante informais. O público geralmente atende ao padrão de roupa "casual", com algumas instituições dizendo explicitamente que o espectador deve usar aquilo que o deixa confortável. Assim, para encurtar uma conversa já muito longa, sugiro a todo neófito, sem titubear, um traje simples e eficiente, não muito diferente daquele que se usa numa ida ao cinema, onde também há aparelhos de ar condicionado: sapatos ou tênis, calça comprida e camisa para os homens; sapatos confortáveis, vestido e saias na altura do joelho, ou calças e blusas, para as mulheres. A elegância, a partir desses denominadores comuns, fica ao gosto do freguês.

Chapéus e bonés são removidos no início da apresentação, pois atrapalham a visão que os vizinhos de assento têm do palco. Evitam-se os casacos ou joias exuberantes; se essas forem indispensáveis, pede-se que não as fiquem chacoalhando, e tampouco usem-nas para marcar o ritmo da música, como fazia, em outros tempos, nos teatros do Rio de Janeiro, da plateia, uma famosa percussionista de joias. E, muito importante, evitar sapatos novos que apertem. Na primeira vez em que assisti a *Parsifal*, eu calçava sapatos novos; o pé direito esmigalhava-me alguns dedos, o esquerdo fazia o mesmo ao peito do pé. Até hoje, ouvindo alguns acordes da ópera wagneriana, tenho reflexos psicológicos que me fazem doer algumas falanges...

O cuidado em usar a roupa apropriada não evitará situações inconvenientes. Recentemente, dando aulas na Sala São Paulo, um aluno me repreendeu por não estar de terno e gravata. Sorri em silêncio. À parte o fato de saber, em 35 anos de vida musical no Brasil, que o figurino sugerido jamais foi um protocolo (em poucos países da Europa ainda pode ser, até por necessidades precípuas de abrigo contra temperaturas mais baixas), nessas horas é preciso a mínima autoestima e reconhecer que tais projeções por parte dos outros são incontroláveis. Os eventos de música clássica não são feitos para mexericos e bobagens desse tipo, e, entre os predicados para se julgar e apreciar boa música, agradar às expectativas dos outros quanto ao figurino não é um item razoável. Não precisei ser antipático para ignorar solenemente a exigência do aluno, sem qualquer constrangimento.

Como já foi dito, o gesto de cortesia essencial é simplesmente ficar em silêncio enquanto a música está sendo executada. Os ouvintes experientes evitam conversas, tentam suprimir tosses e espirros até alguma passagem mais ruidosa, ou os abafam com lenços. É por isso, não por outra coisa, que dispositivos eletrônicos são desligados e o público é aconselhado a chegar e sentar antes de a música começar, com os atrasados esperando o intervalo para tomarem seus lugares.

Mas há questões de comportamento que são também muitíssimo relevantes, pela reincidência e abrangência. Costuma-se dizer que a arte de desagradar a todos é falar a verdade, pois bem, aqui vai: no Brasil, esquecemos como aplaudir.

Não me refiro, é claro, à habilidade motora de bater as palmas das mãos uma contra a outra e tirar delas algum som, mas ao fato de termos perdido os aspectos significantes do aplauso. Aqui, aplaudimos a tudo e a todos indiscriminadamente, e de pé. Nas salas de concerto, basta acabar o último compasso de determinada música, qualquer música, e é como se a cadeira fervesse ou o cansaço da musculatura glútea exigisse das pernas que se esticassem. Toda a plateia prontamente se levanta em ovações. Para o músico, que se diga de uma vez por todas, há algo de profundamente incômodo nisso. Para usar uma pobre analogia com os aplicativos de transporte, esse aplauso automático é como pontuar o motorista, qualquer que seja o esforço ou a qualidade de seu serviço, com cinco estrelas.

Ao ovacionar de pé e indiscriminadamente, o público desfaz a distinção entre "viagens" melhores e piores, entre concertos em que a orquestra transcendeu seus limites e aqueles em que apenas entregou o feijão com arroz. Uma orquestra e os artistas no palco sabem quando estão tocando incrivelmente bem, ou razoavelmente mal, e verem seus melhores esforços reconhecidos pelo público é, além de uma satisfação extraordinária, a mais transcendente forma de comunicação humana que conheço.

Então, tenho a honra de registrar, até onde sei pela primeira vez na bibliografia em português, as regras internacionais do aplauso em salas de concerto.

Refletindo uma ordem crescente de satisfação, são elas: aplausos sentados e parcos, aplausos sentados e entusiasmados, aplausos de pé. Além disso, o entusiasmo da plateia se mede também pela quantidade de aplausos por minuto, além, é claro, da força das palmas. Simples? Sim. Em muitos lugares do Hemisfério Norte usa-se ainda uma quarta gradação, ao juntar às palmas o bater de pés no chão, sinal de aprovação absoluta.

Outra informação importante: há algum tempo, costumava-se aplaudir maestros e solistas acompanhando-os até que deixassem o palco, e depois continuar aplaudindo, chamando-os de volta ao palco. Esse chamado era sinal de entusiasmo reiterado por parte do público, e o artista não tornava a surgir para dar um bis, apenas para agradecer à generosidade da plateia. Geralmente era no segundo ou terceiro retorno que o público iniciava sua reivindicação, negociando o bis. E era normal ele não ser dado.

No sentido contrário, interromper os aplausos com os artistas ainda visíveis, caminhando pelo palco em direção à coxia, é um sinal de desânimo, e em outros tempos poderia facilmente ser entendido — pelo público, críticos e artistas — como uma aprovação burocrática, desinteressada, quase uma desaprovação. Em termos de simbolismo, antecedia a vaia.

Um exemplo histórico é o da estreia da *Terceira sinfonia* de Beethoven, chamada *Eroica* (assim mesmo, em italiano). A obra representou uma evidente quebra com a tradição, mesmo para aqueles que conheciam o compositor de suas primeiras sinfonias e de outras peças. A própria dimensão da *Terceira sinfonia* era heterodoxa, com cerca de duas vezes a duração de uma sinfonia "normal". Quando a obra estreou em Viena, no dia 7 de abril de 1805, um correspondente do jornal alemão *Der Freymüthige* resenhou as impressões gerais e a resposta do público:

> Alguns, especialmente amigos particulares de Beethoven, asseveram que esta sinfonia é sua obra-prima, que ela é que permite vislumbrar o verdadeiro estilo da música de alto nível, e que se por ora não agrada, é porque o público não está cultivado o bastante, artisticamente, para compreender todas as suas belezas. Após algumas centenas de anos, ela não passará despercebida. Outra facção nega haver na obra qualquer valor artístico e justifica-se vendo nela uma luta indomável pela singularidade, que falha em alcançar, no entanto, em qualquer momento, beleza ou verdadeira sublimidade e força. [...] Teme-se no entanto que, se Beethoven continuar em seu caminho atual, ambos, ele e o público, sofrerão. Sua música pode em breve alcançar o ponto onde ninguém encontra prazer, a não ser aqueles bem treinados nas regras e dificuldades da arte; os demais sairão da sala de concerto com um sentimento desagradável de cansaço, após terem sido atropelados por uma massa de ideias desconexas e prolixas, e pelo tumulto contínuo dos instrumentos. O público e o sr. Beethoven, que dirigiu a performance, não ficaram satisfeitos um com o outro nesta tarde; a plateia julgou a sinfonia muito pesada, muito longa, e o compositor muito descortês, por não haver agradecido com a cabeça os aplausos que vinham de parte do teatro. Ao contrário, Beethoven considerou que os aplausos não foram intensos o suficiente.

Sim, há como desaprovar um concerto. Embora tenhamos perdido esse hábito nas salas de música brasileiras, há pelo menos quatro modos educados de expressar nossa desaprovação (e não é tossindo entre os movimentos). São eles, em ordem crescente de insatisfação: 1) sair da sala de concertos em silêncio, no meio ou ao fim da performance, 2) sair da sala de concertos fazendo algum tipo de barulho ao final, 3) vaiar.

São todos métodos civilizados. A vaia deve expressar a exasperação máxima, absolutamente justificada, de um sujeito que, insatisfeito, deliberadamente resiste até o fim da obra ou espetáculo exatamente para expressar sua desaprovação. É o mais alto grau de civilização possível no universo artístico, e em nossos dias algo absolutamente desejável, já que não envolve retaliação corporal ou xingamentos. Sim, mais uma vez, viva a vaia!

A bem da verdade, são parcos os registros históricos de vaias em salas de concerto. Peças cuja primeira audição suscitaram desconfiança, como algumas obras de Beethoven ou os concertos e as sinfonias de Tchaikovsky, são criticadas duramente por amigos, em jornais e revistas especializadas, mas raramente pelo público, que, pelo mundo afora, parece preferir o ambiente camarada e educado da recepção com aplausos parcimoniosos.

Disse que há quatro modos e citei três. Pois ao lado da vaia há o assobio. Curiosamente, o mesmo assobio que, em shows de rock, equivale a um sinal de aprovação, no meio da música clássica significa o oposto. Na Itália, o assobio é a expressão do completo "fiasco" (palavra cujas raízes etimológicas aproximam-na muito do que seria, na língua de Dante, um "assobiaço"), sucedâneo objetivo da vaia. Assim, ele acaba por ocasionar alguns embaraços nas salas de concertos do resto do mundo, sobretudo com solistas e cantores italianos, e ainda mais no mundo da ópera. Eu aconselharia ao leitor que evitasse os assobios de modo geral como gesto de aprovação. Afinal, lidamos, por força mesmo das circunstâncias, com uma sociedade cosmopolita...

Não foi no século XX que iniciamos os debates sobre comportamento da plateia. Mas na década de 1920 o pianista Ossip Gabrilowitsch chegou a comentar, frente aos protocolos cada vez mais complexos que começavam a tomar conta das salas de concerto alemãs, sua preferência pelos "países do sul da Europa, onde os espectadores gritam quando ficam satisfeitos e, quando não ficam, assobiam e jogam batatas". E ele concluiu com uma frase que eu adoraria pendurar nas bilheterias de todas as salas de música do país: "É um erro você pensar que fez sua parte apenas comprando os bilhetes".

A recepção do público muda diversas obras e sobre isso há casos impressionantes na história. A manifestação da vaia, espontânea e generosa, tem ao menos um caso notório, o da estreia da *Sagração da primavera*, de Igor Stravínski, escândalo sobre o qual já se escreveu uma larga bibliografia. Curiosamente, como comenta o musicólogo Van den Toorn, a peça teve uma acolhida calorosa quase um ano após sua estreia em Paris, quando Pierre Monteux — o mesmo maestro que havia regido a orquestra na fatídica noite de estreia, 29 de maio de 1913, na montagem que incluía a coreografia de Nijinski para os Balés Russos — realizou, no dia 5 de abril de 1914, uma versão puramente instrumental. Em 1914, em vez de receber vaias, assobios (de reprovação) e desafios para duelos, o compositor foi ovacionado e carregado pela multidão de admiradores, em triunfo, da sala do Casino de Paris às ruas da cidade. "Nosso pequeno Igor agora precisa de escolta policial em seus concertos, como um lutador premiado", gracejou Diáguilev, o célebre empresário idealizador da *Sagração*, em uma carta.

Há outro caso, o da audição berlinense da *Primeira sinfonia* de Mahler. Ela foi ovacionada ao fim de cada um dos dois primeiros movimentos, contudo recebeu pouco mais que um silêncio obsequioso nos outros. Mahler parece ter mudado a própria estrutura da obra após esse insucesso parcial, o que mostra o valor educativo (e, por que não, estético) que a expressão adequada do gosto, por parte do público, tem para um jovem criador. O mesmo Mahler, no entanto, anos mais tarde, sugeriu que o ciclo de canções *Kindertotenlieder* fosse executado sem interrupção da plateia entre movimentos.

Aqui chegamos à mais delicada questão de etiqueta em um espetáculo de música clássica: o silêncio entre movimentos. De fato, não apenas entre movimentos, mas também durante as passagens brilhantes, o silêncio é um esforço antinatural, e tanto é assim que talvez continue o ponto mais inquietante para o neófito. Afinal, pensa ele com razão, se gostei do que acabei de ouvir, e se o compositor e os intérpretes parecem pontuar com tais exclamações esta passagem ou fim de "capítulo", por que não posso responder-lhes, mexer-me um pouco, eventualmente aplaudir?

O pianista e maestro Daniel Barenboim é, entre os artistas de nosso tempo, talvez o que mais reiteradamente parece incomodar-se com os sons da plateia entre os movimentos. Ou durante. Em 2008, na Sala São Paulo, Barenboim apresentou-se com sua orquestra, a Staatskapelle Berlin. Lembro de presenciar um vexame: ao término do primeiro movimento da *Sétima sinfonia* de Anton Bruckner, as tosses e o ranger de cadeiras fizeram o maestro virar-se para a plateia e, tirando um lenço do bolso, posicionando-o frente à boca, sugerir para que as tosses fossem abafadas. Às lições de educação básica seguiram os sussurros do público e os risos contidos da orquestra, que demonstraram o constrangimento evidente e generalizado. No intervalo seguinte entre movimentos, o ambiente tinha menos da concentração que leva naturalmente ao silêncio do que uma certa tensão obsequiosa.

O público não tinha como saber, mas nada ali era idiossincrasia brasileira. Há relatos de concertos em Nova York e Buenos Aires em que Barenboim, entre os movimentos das peças sendo executadas, demonstrou ao público idêntica irritação com as tosses e o ranger de cadeira. Na biografia do pianista Arthur Rubinstein, uma famosa passagem sugere que, por volta dos anos 1960, ele já demonstrava um pouco mais de humor para lidar com tais situações, a ponto de dizer: "Pessoas de todo mundo, quando têm problemas nas vias respiratórias, costumam buscar o otorrinolaringologista; aqui em Tel Aviv, elas vêm ao meu concerto".

Quanto à etiqueta das salas de concerto, para ser sincero, apenas uma coisa de fato me enerva. É o sujeito que, conhecendo o repertório, sente-se na obrigação de mostrar ao resto do público o quanto ele conhece. Acontece em todo lugar, e é notável sobretudo em obras como a *Sexta sinfonia* de Tchaikovsky ou a *Nona sinfonia* de Gustav Mahler. Elas têm em comum o fato de serem peças cujos finais alcançam as alturas do êxtase romântico, uma música pensada não para terminar, mas sim desintegrar-se em acordes suaves, que parecem querer que o público se eleve ao infinito. O silêncio após a execução é a única chance de deixar emergir a dimensão metafísica de uma música cuja arquitetura e sonoridades são muito apropriadamente chamadas por vezes de "cósmicas".

Geralmente é nesse momento de arrebatamento coletivo que alguém faz questão de mostrar que conhece o repertório. E ele urra. "Maravilha!", "Bravo!", "Sensacional!", ou outro elogio qualquer, vindo de algum camarote, é escandalosamente gritado antes que qualquer um de nós, incluindo a orquestra, tenha tido a chance de retornar ao corpo.

Tais arroubos equivalem, nas salas de concerto, aos gritos de guerra das tribos bárbaras ao invadirem as aldeias do Império Romano. Não há violência maior por parte de um espectador que se valer desse momento único, no qual o compositor e os intérpretes no palco parecem interromper o passar do tempo, para se exibir. Ao final de uma grande performance, tais excessos de entusiasmo poderiam muito bem receber multas, sanções criminais e cíveis, de modo a impedir que seus autores, no futuro, usufruam do direito de ouvir Tchaikovsky, Mahler ou Bruckner em público, apenando-os ainda com um regime de reeducação, para que entendam que não importa nada se são mais "espertos" que todos os outros.

Assim, não me preocupo com aplausos entre movimentos. De fato, como veremos mais tarde, trata-se de algo mais complexo e cujo artificialismo precisa ser devidamente contextualizado em suas raízes históricas. Cuidaremos do assunto com atenção e um pouco mais de cuidado em outro capítulo. Por ora, quanto ao tema da boa educação, sugiro apenas paciência com os neófitos. Eles, quando aplaudem, estão apenas a dar uma resposta espontânea ao que ouviram, e isso, tal como o sorriso de uma criança, é belo. Se o ouvinte é parte do público mais exigente, deve tentar abster-se, talvez responder ao vizinho de cadeira com um olhar generoso e inexpressivo, talvez com um largo e silencioso sorriso de aceitação. E, afinal, não deveria incomodar tanto assim o mero entusiasmo de outra pessoa.

Minha experiência diz que tais aplausos, quando não reverberados pelo resto do público, tendem a ser naturalmente recolhidos. O importante é que nunca, jamais, cometa-se a indelicadeza de sugerir à pessoa que está a partilhar conosco tais alturas que se cale. Tanto pior se a sugestão se dá mediante o indefectível "Pshhhh!!!!", um barulho que se faz para espantar cachorros, mas não se dirige a outro ouvinte civilizado. Aos espíritos sensíveis, se o que aplaude é talvez espontâneo demais, o sujeito que faz "Pshhhh!!!" é pernóstico, talvez irritadiço e infeliz. Ele pode até não se incomodar em parecer sê-lo, mas deve saber que, exigindo desse modo o silêncio do outro, incomoda muito mais que o neófito.

Sugestões de leitura

Regras de etiqueta em música clássica são sempre assunto controverso, e a tradição oral é mais importante que qualquer compêndio. O assunto é tangencialmente abordado em cartas de grandes artistas, livros bibliográficos e outras fontes primárias. Nesse sentido, uma boa antologia de documentos históricos, como *Music in the Western World: A History in Documents* (Nova York: Thomson Schirmer, 2008), de Piero Weiss e Richard Taruskin, é bastante informativo.

5.
O clássico como contracultura e a vida entre amigos que amam pop

I

Exige-se um pouco de resistência individual ao cultivar os clássicos. Posto melhor, o sujeito que opta por se dedicar à música clássica precisa resistir um pouco a pressões comunitárias ou estéticas que poderiam ser reduzidas, se fôssemos eruditos, a um termo quase acadêmico: pressões "espirituais" — isso, claro, se entendermos o termo "espiritual" na mesma chave que a expressão hegeliana "espírito do tempo".

Nos dias de hoje, o cultivo público da música clássica, pelo menos aquele fora dos ambientes controlados das salas de concerto e de eventos específicos, encontra as condições menos promissoras possíveis. Estamos na era da velocidade, da concisão, da conexão permanente e dispersa dos brainstormings e do excesso.

Musicalmente, talvez tenhamos normatizado uma certa monotonia. Grande parte das pessoas considera a música clássica chata (pelo fato de não ter letra ou ritmo de dança reconhecível), barulhenta (pela gama dinâmica que vai do muito suave ao fortíssimo), ininteligível (suas histórias sem narrativa que requerem uma atenção especial) e elitista (o que é explicável menos por questões socioeconômicas que psicoemocionais). Tente sugerir uma sonata de Beethoven na playlist do trabalho e verá o que vai acontecer.

No mercado de ideias, há inúmeras publicações que arriscam justificativas para o empenho que devemos ter para com a música clássica. Há argumentos políticos e metafísicos, humanitários e cognitivos e até aqueles com referências quânticas. Eventualmente sérios, quando fruto de pesquisas científicas, alguns desses estudos encontram medidas e métricas que permitem se chegar a conclusões engenhosas, ainda que nem todas sejam inteiramente convincentes ou verdadeiras. Afinal, de qualquer modo, sua leitura nos permite imaginar a música clássica como estimulante a ideias revolucionárias, ou talvez equivalente à meditação e à oração; podemos vê-la também como uma forma de esmola aos desvalidos ou reguladora da pressão arterial; para não falar de sua contribuição para o nosso equilíbrio bioenergético, seja lá o que isso for...

Seria possível, e não sem interesse, elencar as premissas e os desdobramentos de todos esses argumentos. Mas temo cair no lugar-comum do proselitismo, ou redundar naquele tipo particular de pedagogia que, para mover o interlocutor, inicia moralizando suas escolhas. E este livro não é sobre isso.

De qualquer modo, há duas coisas a serem notadas. Banida do *mainstream*, a música clássica é hoje parte irrelevante da indústria do entretenimento, tornando-se com sorte um produto de nicho do mercado de luxo. Algumas instituições organizadoras de concertos nos Estados Unidos e na Europa promovem-na como ativo de bom gosto para gente madura e de alto poder aquisitivo, o que as leva a tentar difundir a música clássica a partir de um simbolismo curioso, como se a audição dos últimos quartetos de Beethoven fosse assunto a ser tratado em lugares caros, ao lado de carros e relógios sofisticados, que ocupam as garagens e os pulsos de senhores atléticos, evoluídos e refinados. Seus parceiros de posicionamento nesse universo seriam os charutos e os vinhos. Sua aspiração é ter a popularidade outrora chique das máquinas portáteis de café expresso.

Por outro lado, e não muito tempo atrás, a familiaridade com a música clássica era considerada parte da alfabetização cultural. Mozart ocupava, ao lado de Shakespeare, um espaço da sensibilidade de um cidadão médio. Brahms poderia servir de referência segura, se não para todos, ao menos para aqueles que aspirassem ao universo urbano cosmopolita. Não necessariamente partilhando dos termos desse esnobismo contemporâneo, tratava-se de uma classe média culta que, lendo Gabriel García Márquez e ouvindo Duke Ellington, tentava não se espantar com Jackson Pollock e John Coltrane.

Mas tudo mudou. Quando na história a música clássica veio a tornar-se — desculpem-me a palavra terrível — "irrelevante", não sabemos ao certo. O musicólogo norte-americano Richard Taruskin identifica um momento específico para esse fenômeno (a que chama de *Trahison des clercs*, valendo-se do título do mais famoso livro do escritor francês Julien Benda), que teria se iniciado na década de 1960, em parte como resposta a toda a turbulência social e cultural que o período testemunhou. Teria havido, então, uma deserção dos intelectuais rumo à cultura pop. Mas, ele argumenta, enquanto os intelectuais, no universo literário, seguem distinguindo ficção comercial de ficção autoral, no mundo das artes plásticas, o publicitário e o museográfico, e no cinema o mercado de massa e a produção de autor, na música as fronteiras não são mais levadas em consideração, "exceto pelos profissionais envolvidos". É quando o prestígio da análise e da dedicação crítica em música passa a recair na produção pop. Talvez ele esteja certo.

Mas considero importante movermo-nos desse beco aparentemente sem saída. Há motivos para tanto, e vou tentar explicar o porquê, pois identifico um sutil paradoxo na posição de Taruskin. De fato, a questão tal como posta é válida apenas se distinguirmos a Cultura, com C maiúsculo, daquilo que, por falta de um nome melhor, podemos chamar de Mercado. Mas aqueles que têm alguma familiaridade com a história sabem que essa é uma dicotomia artificial. Todos os clássicos foram comerciais em algum momento, e mesmo os novos clássicos precisam encontrar algum lugar junto ao público. Cada um o faz a seu modo, é certo, mas o modo mais seguro, desde o início da produção musical por meio das trocas livres entre agentes econômicos, até os dias de hoje, segue sendo o Mercado.

Antonio Vivaldi (1678-1741) é hoje um dos dez mais populares compositores clássicos em qualquer seleção de música a que se tenha acesso. Já era assim em seu tempo, quando o compositor causava sensação por toda Europa. A dimensão do sucesso de Vivaldi pode ser mensurada por um fato: é dos primeiros artistas a ter partituras editadas e publicadas em vida em vários países. Numa época em que o mercado editorial era ainda incipiente, o impacto de sua obra fez com que ela fosse copiada em manuscrito ou mesmo editada sem autorização (o que, nos termos de hoje, suscitaria uma rica discussão sobre pirataria).

O sucesso de Vivaldi pode ainda ser entendido em outros termos. Ele viu grandes autores emulando seu estilo por toda a Europa. Mesmo o hoje reconhecido patrono da música clássica, J. S. Bach, abusa do prestígio "comercial" de Vivaldi para incrementar seu catálogo. É em parte pelo desejo de incorporar a frugalidade do italiano, em parte por saber ser uma música de apelo "seguro" para o público, que Bach realiza inúmeras "versões pessoais" de obras do seu contemporâneo de Veneza. De Vivaldi, Bach transcreveu para seu instrumento de predileção, o órgão, três concertos originais para violino (BWV 593, 594 e 596); além desses, fez pelo menos outras seis transcrições de obras concertantes para cravo desacompanhado (BWV 972, 973, 975, 976, 978 e 980), e ainda uma última "transcriação" com o belo e exótico *Concerto para quatro cravos e cordas* (BWV 1065).

Se o leitor fica incomodado com o disco em que o grupo de rock Emerson, Lake & Palmer faz uma releitura de "Quadros de uma exposição", do compositor russo Modest Mussorgsky (1839-81), deveria inteirar-se dos expedientes bachianos sobre a obra de Vivaldi. Mesmo não sabendo muito sobre o universo do entretenimento na Itália no século XVIII, é seguro dizer que muito daquilo que Vivaldi escreve em suas óperas ou concertos era de apelo popular, uma música que excitava o público, fazendo-o retornar a outras performances e recomendá-las a amigos. Uma música comercial.

Como costumava acontecer, Vivaldi seria esquecido após sua morte. Sua fama reviveria por um golpe do acaso, nas mãos de Fritz Kreisler (1875-1962), um dos principais violinistas de seu tempo, figura estelar no jovem mas já pujante mercado fonográfico. Parte da popularidade de Kreisler decorria de sua habilidade com um repertório de salão, quase circense de tanto virtuosismo, muito expressivo e lírico, mas ele ganhou prestígio também por apresentar clássicos "perdidos", de compositores outrora famosos e esquecidos. Ao lado de seu *Liebesleid*, que ainda hoje emociona hóspedes e visitantes em lobbys de hotel, ele gravava também obras de Vivaldi, Boccherini, Porpora, Martini ou Couperin, com as quais emocionava o público e vendia muitos discos.

Até dado momento, Kreisler explicava ter encontrado tal acervo em bibliotecas e mosteiros de toda a Europa, o que causava certo embaraço nos meios musicais. Mas em 1935, quando o crítico de música do *Times*, Olin Downes, perguntou ao violinista a real fonte de todos os "clássicos perdidos" que o haviam feito tão famoso, Kreisler casualmente respondeu que a fonte era ele mesmo. Fritz Kreisler era o compositor da música apresentada como se fosse de artistas do passado. A revelação chocou a indústria fonográfica e as salas de concerto. Mais tarde, em diversas entrevistas, Kreisler comentou que não deveria fazer qualquer diferença para o ouvinte quem havia escrito as obras, afinal, ninguém teria prestado atenção no *Concerto em dó maior* de Antonio Vivaldi se tivesse sido identificado como de Fritz Kreisler!

Tratava-se de um dos maiores sucessos da carreira fonográfica do violinista. Apresentado hoje como *Concerto em dó maior, ao modo de Antonio Vivaldi*, dando em seguida o crédito da composição ao seu verdadeiro criador, podemos pensar que Kreisler valeu-se do nome de Vivaldi para sua autopromoção. Mas não devemos esquecer que, aos ouvidos do grande público, Kreisler foi o responsável por reviver o compositor veneziano. Em uma época sem qualquer referência de como Vivaldi soaria, foi quase natural, ainda que irônico, o sucesso comercial de um artista que, mesmo com gravações fake, trouxe o compositor barroco italiano de volta à atenção das plateias, musicólogos e críticos.

Cultura ou Mercado? O caso se torna ainda mais estimulante com o repertório de compositores contemporâneos, como Philip Glass (1937-). Entre os poucos autores comercialmente viáveis da nova música clássica, Glass teve que esperar a comemoração de seus oitenta anos para ver a orquestra da cidade onde mora há anos, a Filarmônica de Nova York, programar em sua temporada oficial alguma de suas obras. Até então, embora celebrado em todo o mundo e amado pelo público, ele era simplesmente desconsiderado nas salas de concerto. Por causa do apelo comercial de muitas de suas partituras para o cinema, Glass é acusado de produzir uma música trivial (a chamada *wallpaper music*, parente próxima da *musique d'ameublement*, ou "música de mobiliário", denominação cunhada por Erik Satie há quase um século). Muito pelo caráter repetitivo de harmonias consonantes, mas também pelas obras com alusões claras a figuras pop, como canções e álbuns de David Bowie, a música de concerto de Glass é muitas vezes acusada de simplória e populista.

Eu me pergunto: será mesmo? Não é fácil imaginar qualquer compositor clássico moderno que não tenha sido afetado pelo pop. E a verdade é que muitos compositores clássicos nutrem e cultivam sincero amor pela música pop — o que, no caso de Glass, talvez valha a pena dizer, rompendo com a afetação vazia de muitos de seus pares, é o melhor modo de tornar sua música verdadeiramente clássica. A expectativa de uma sensibilidade pura, vinculada exclusivamente a uma única tradição, é um pouco artificial, e é difícil até imaginar, nos dias de hoje, a existência de uma mente criativa tão isolada a ponto de não ter contato com qualquer referência da produção legitimada pelo universo do consumo de massa.

Seja na vida, seja na criação, não há modo de dividir rigidamente Cultura e Mercado. Uma obra de arte deve ser avaliada por sua vitalidade interior, não pelo seu prestígio entre iniciados. Afinal, o prestígio per se jamais foi suficiente para a sobrevivência de um clássico. Se fosse assim, a obra de Antonio Salieri (1750-1825) sobreviveria com folga nos palcos e salas de concerto de todo o mundo, e no entanto preferimos, como o público do século XVIII, a produção mais popular de Mozart, seu contemporâneo e amigo.

Falo de vitalidade interior e, se pudesse apostar, diria que o segredo dessa vitalidade está na sofisticada interação entre criatividade e cultivo do passado, uma interação quase sempre intuída, muitas vezes atávica. E é assim por ser ditada primeiro pelo diálogo, mais ou menos intenso, com a trama complexa que compõe o que, em outro contexto, o educador norte-americano Neil Postman chamou de "Grande Conversação". Mas ela é ditada também pelo desejo natural de atualização que apenas o mundo dos vivos pode produzir. A vitalidade de uma obra de arte é, portanto, um elemento espontâneo que nada tem a ver com premeditação ou erudição. Como diz Eugenio Montale no estonteante ensaio "Stile e tradizione": "uma tradição não segue quem quer, mas quem pode, e que muitas vezes é quem menos a conhece. Para seguir a tradição, pouco contam os programas e as boas intenções".* Entre os amigos artistas e críticos culturais que desejam resgatar o que imaginam ser a alta cultura, essa deveria ser uma lição de cabeceira. E afinal, para além de uma falsa dicotomia com o Mercado, não são inovação e tradição os termos exatos que determinam o que é a Cultura?

II

O papel da Cultura como elemento de redenção da existência, de algum modo o filhote laico da religiosidade moderna, é um tanto embaraçoso, sobretudo depois das tragédias históricas ocorridas ao longo do século XX. Mas alguns intelectuais importantes apostam nisso. De certo modo, sabemos, tal entendimento de Cultura é um desdobramento do universo acadêmico romântico, que chega ao paroxismo em textos do historiador Matthew Arnold, e mais recentemente foi atualizado por um gênio do calibre de George Steiner. Mesmo em Steiner, porém, e mesmo no auge de suas argumentações, encontramos a melancolia comovente de certa resignação. O autor francês sabe que a arte, com toda sua capacidade de nos elevar, ou encarnar a antessala daquilo que é perfeito e fértil, não impediu os alemães amantes da cultura, aqueles "que cantavam Schubert à noite", de apoiarem e participarem de "sessões de tortura pela manhã". "Estou chegando ao fim da minha vida", confessou Steiner, "assombrado cada vez mais pela pergunta:

---

* Ensaio de 1925, publicado na revista cultural *Il Baretti* (ano II, n. 1, 15 jan. 1925). Minha tradução foi feita com base na versão disponível na coletânea *Auto da fé* (Milão: Il Saggiatore, 1966, p. 19).

'Por que as humanidades não os humanizaram?'. Eu não tenho uma resposta.'"*

Difícil, de fato, imaginar uma resposta. Steiner propõe, ao longo de sua extensa e sofisticada obra, uma solução que é um aparente paradoxo: a Cultura mesma é que enseja a barbárie.

Foram raros os que colocaram ou analisaram a questão das íntimas relações existentes entre as formas do inumano e a matriz ambiente contemporânea da civilização avançada. Mas o certo é que a barbárie que sofremos reflete, em numerosos pontos precisos, a cultura de onde brotou e quis profanar [...]. Por que é que as tradições humanistas e os modelos de comportamento correspondentes se revelam defesas tão frágeis contra a bestialidade política? De fato seriam uma defesa, ou será mais realista identificarmos na cultura humanista apelos expressos ao autoritarismo e à crueldade? Não vejo como um debate sobre a definição de cultura e sobre a viabilidade da ideia de valores morais possa evitar essas questões. Uma teoria da cultura, uma análise da nossa situação de hoje, que não logre considerar no seu eixo as modalidades do terror que levaram à morte, por meio da guerra, da fome e do massacre deliberado, cerca de 70 milhões de seres humanos na Europa e na Rússia, entre o início da Primeira Guerra Mundial e o fim da Segunda, não pode deixar de me parecer irresponsável.**

No caso do universo específico da arte, não sou completamente original ao arriscar que a solução do problema, tal como posto pela história do século XX, talvez não esteja na

---

* O trecho, em inglês, está numa entrevista concedida a Peter Applebome ("A Humanist and Elitist? Perhaps". *New York Times*, 18 abr. 1998).   ** George Steiner, *No castelo do Barba Azul: Algumas notas para a redefinição da cultura*. Lisboa: Relógio d'Água, 1992, p. 40.

densidade da resposta, mas na ingenuidade da pergunta. Pois o que a história nos ensinou, e deveria restar óbvio, é que o amor a Schubert não nos torna melhores, e ensinar às pessoas o grande repertório da música e das artes, embora eventualmente garanta algo de autoestima a seus iniciados, definitivamente não incrementa sua capacidade de julgamento.

Essa passagem de Steiner evoca, é claro, Platão, para quem a música pode expressar e incentivar virtudes tanto quanto pode expressar e incentivar vícios. Um desdobramento dessa argumentação é atualizado de modo brilhante, embora controverso, pelo filósofo inglês Roger Scruton. No artigo "Música e moralidade", Scruton diz haver uma diferença entre sonoridades que atuam *sobre* um indivíduo e aquelas que atuam *com* o indivíduo. Grosso modo, o ritmo presente na música pop e na música culta é o exemplo que ele sugere. Scruton justifica sua tese a partir de uma observação astuta, que aponta para as distintas respostas fisiológicas que os dois gêneros suscitam. Seu argumento versa sobre as diferentes atitudes corporais que o heavy metal e uma ciranda escocesa provocam. A partir disso, constrói um juízo de valor sobre o que haveria de ser construtivo para a psique humana, e conclui com um elogio às formas menos comerciais.

> Nós não proibimos uma linguagem musical por decreto, mas devemos lembrar que as leis são feitas por pessoas que possuem gosto musical. Talvez Platão tenha acertado até em relação a uma democracia moderna, quando disse que mudanças na cultura musical acarretam mudanças nas leis, visto que modificações nas leis muitas vezes são consequências de pressões na cultura. Não há dúvida de que a música pop de hoje possui um status mais elevado do que qualquer outro produto cultural. Astros da música pop são os primeiros entre as celebridades, idolatrados por jovens

e vistos como exemplo, cortejados por políticos e, em geral, envoltos em uma aura mágica que lhes dá poder sobre as multidões. É bem provável, portanto, que algo da mensagem deles influencie as leis aprovadas pelos políticos que os admiram. Se a mensagem for sensual, egocêntrica e materialista (o que de fato acontece, geralmente), então não devemos esperar que nossas leis nos remetam a uma esfera superior àquela que a mensagem [musical] implica.*

Poderíamos concordar com a descrição se tivéssemos elementos empíricos para isso. Mas não temos — nem Scruton tem. E não tem porque, além de concluir sobre bases impossíveis de serem comprovadas, uma parte significativa do seu argumento está calcado na necessidade de uma definição própria para "sensualidade", "egocentrismo" e "materialismo" em música. Em que termos o ritmo do heavy metal é mais ou menos sensual, egoico ou materialista que o ritmo de uma ciranda escocesa? Scruton talvez estivesse fazendo referência diretamente ao texto cantado da música, mas isso é tergiversar enormemente o cerne do problema...

Outro ponto de sua argumentação é ilustrado por uma passagem do livro *Why Classical Music Still Matters*, de Lawrence Kramer. Em tom inequivocamente estimulante, Kramer explora aspectos da natureza subjetiva humana, aqueles em que a música clássica poderia ser uma chave para a "harmonização entre humanidade e tecnologia". Refiro-me ao cultivo da atenção. É nestes termos que o autor comenta: "toda música treina o ouvido [...], mas a música clássica treina o ouvido para uma acuidade peculiar. Ela quer ser explorada, não apenas ouvida

---

* Como sempre costuma fazer, Scruton publica diversas versões do mesmo artigo. Com "Music and Morality" não é diferente, e a passagem transcrita e traduzida aqui foi retirada de uma conferência para o American Enterprise Institute, em 11 de fevereiro de 2010.

[...] ela treina a audição de ambos, o corpo e a mente, para a investigação, para uma escuta atenta como aquela que busca ouvir algo que não pode ser perdido".*

Conforme pratica, o jogador de xadrez melhora sua inteligência para o jogo; de algum modo, essa "inteligência" pode conectar-se a outras e potencialmente incrementar a saúde intelectiva como um todo. Talvez o mesmo mecanismo funcione com a música clássica, é o que parece afinal argumentar Kramer. Não deixa de ser uma justificativa pragmática: ouvir música clássica para ouvir melhor quase todo o resto. Como um desdobramento da escuta atenta, subentende-se, pelo argumento, que a música clássica abrirá caminho a uma postura de permanente curiosidade e exploração, treinando os sentidos individuais para outras descobertas da vida. A música clássica é, assim, em última análise, a porta para uma certa impetuosidade de caráter.

O neoplatonismo pragmático de Scruton e Kramer não pode ser, por si só, condenável. Com suas boas intenções, no entanto, ele esconde uma verdade inconveniente, e suas teses funcionam à vontade apenas se deixamos de reconhecer que há um movimento consciente do ouvinte. Na vida real, o que mais conta é o desejo do indivíduo de seguir aquilo que se interessa por conhecer. Não é a música que "deseja ser explorada", são as pessoas que querem socializar ou se isolar, e encontram resposta a seu desejo ou como ouvintes de cirandas escocesas ou do heavy metal.

Estou convencido de que não é a música que faz as pessoas inteligentes; mas é uma mente astuta e curiosa aquela que encontra campo fértil na música clássica. O ouvinte interessado pode, num eventual e enriquecedor feedback, ver sua curiosidade e sua astúcia estimuladas pela complexidade do repertório

---

* Lawrence Kramer, *Why Classical Music Still Matters*. Berkeley: University of California Press, 2007, p. II. (Tradução minha.)

que nela encontra. Os traços íntimos da psique são compostos por variáveis hipercomplexas. Questões de gosto — ou sexualidade, por exemplo — não podem ser traçadas por um aspecto unívoco. Do mesmo modo, um sujeito introspectivo que pretende cultivar laços de amizade, por exemplo, através do corpo nas cirandas de roda, busca a música de dança, e talvez possa ter aversão aos concertos de rock; outro pode ver-se estimulado pela alta carga de energia e vigor de um show de heavy metal.

O que as propostas de Kramer e de Scruton curiosamente deixam de considerar é, para mim, o mais fundamental entre os elementos que compõem a recepção da música e da arte em geral: ela trata de pessoas vivas. E os vivos não são meros pacientes neutros de obras de arte, mas atores em constante interação. Afinal, este é o principal predicado de se estar vivo: agir sobre as coisas. Por isso, qualquer discussão sobre a recepção da música deve levar em consideração, por necessidade peremptória, o anseio daquele que escuta. Scruton e Kramer desconsideram a audição ativa do público, a reação do indivíduo que avança e se retrai com base no que vê e ouve, o desejo do indivíduo que encontra ou não, acolhe ou rejeita, aquilo que escuta. Na vida real, a música e a obra de arte têm pouca responsabilidade sobre aquilo que afetam. Minha pequena experiência me permite dizer: raramente acontece o contrário.

III

Italo Calvino escreve uma passagem muito elegante em seu livro *Por que ler os clássicos*, quando sugere ser clássico aquilo "que vem antes de outros clássicos, mas quem leu antes os outros e depois lê aquele, reconhece logo o seu lugar na genealogia".* Esse ele-

---

* Italo Calvino, *Por que ler os clássicos*. Trad. de Nilton Moulin. São Paulo: Companhia das Letras, 1991, p. 14.

mento de parentesco me interessa. Como sabemos, a sensação de continuidade dada pelos filhos e netos é uma das nossas estratégias para desafiar a morte. Uma outra é a arte. Participar da Grande Conversação, mais uma vez usando a expressão de Neil Postman, é uma virtude intrínseca da música clássica, que, por história e estrutura técnica, necessariamente atualiza os termos do passado. Atualiza-os pois dialoga com eles.

Talvez por ser brasileiro, vejo-me como um pós-moderno dedicado: é natural, para mim, elencar referências da arte e do esporte, da vida intelectual e da moda num mesmo sopro. Não me parece indecoroso tratar Pelé como trato Baryshnikov, discorrer na mesma frase sobre as crônicas de Nelson Rodrigues e os romances de Dostoiévski. Não me estranha reconhecer Tarkovski na tradição de William Blake, e elogiar Audrey Hepburn como uma antípoda de Lou Andreas-Salomé. Homero e George R. R. Martin são frequentadores da mesma praia, mesmo imaginando que disputarão as melhores ondas e, no fim, tudo terminará em xingamento.

A meu ver, a música clássica, seja como arte de conservação, seja como arte de subversão, habita a mesma esfera de todos esses artistas notáveis, isto é, a dos produtos excelentes da atividade criativa. E como tal, respeitando os termos de Calvino, seu repertório irmana-se com muito daquilo que já ouvimos ou talvez venhamos a ouvir. Sendo cultivada, ela é capaz de acrescentar à sensibilidade dos ouvintes algumas novas cores. Suas próprias cores. E a partir desse colorido, dado pelo amálgama possível apenas no contato com indivíduos vivos, é que ela pode seguir adiante. Sua preservação é uma tarefa humanística, na medida em que permite o incremento da paleta expressiva da humanidade, a variedade colorida das garrafas jogadas ao mar, com as quais homens e mulheres de gerações passadas, atuais e futuras, tentaram e tentarão estabelecer contato entre pontos distantes no tempo e no planeta.

Nossa tarefa é recolher essas garrafas, abri-las e ver as mensagens que trazem. Tentarmos entendê-las e, se tivermos sorte e interesse, passá-las adiante. Com isso, não nos tornamos pessoas melhores, mas mantemos o elo da unidade e continuidade da experiência humana. Os vivos e os mortos que nos legaram as tradições artísticas com as quais convivemos provêm de diversas culturas. Poderia haver pessoas mais diferentes que Johannes Kepler e Stephen Hawking? Miguel de Cervantes e Cormac McCarthy? J. S. Bach e Thom Yorke? Alguns deles, entre tantos outros, podem ser divertidos, outros, sérios ou trágicos. Mas todos pretenderam estabelecer conexões significativas com pessoas com as quais conviviam, e hoje podem seguir em contato conosco, pessoas que nunca imaginariam conhecer. Esses indivíduos participam, através do espaço e do tempo, com os meios que lhes foram e são possíveis, com ideias, obras, dúvidas e ponderações, da Grande Conversação. Nosso privilégio em também participar dela é poder conversar com eles e com muitos outros — e refutá-los, aceitá-los, amá-los, esquecê-los etc. Qualquer que seja nossa decisão, primeiro precisamos ouvir o que eles têm a dizer: esse é o primeiro passo e, como na Lua, o mais importante.

Sugestões de leitura

A grande bibliografia humanística, disponível em várias línguas, é aqui inevitável. Antes de tudo, sugiro os livros de George Steiner, de quem pode-se ler tudo, sempre com interesse renovado. Acho que uma boa introdução às suas ideias está no livro de entrevistas feitas por Ramin Jahanbegloo, *George Steiner, à luz de si mesmo* (São Paulo: Perspectiva, 2003). Outro autor muito importante para minhas reflexões é o educador norte-americano Neil Postman. De prosa fácil, e muitos bons livros já publicados no país, restam dois, infelizmente inéditos em português, que vão ao centro da questão aqui esboçada: *Teaching as a Subversive Activity* (Nova York: Delta, 1971) e *Teaching as a Conserving Activity* (Nova York: Delacorte, 1979). O ensaio "Stile e tradizione" (1925), de Eugenio Montale, está disponível, em italiano, na internet.

No ambiente mais específico da música, citei textos de Roger Scruton. Seus pensamentos sobre a matéria estão organizados em dois livros: *The Aesthetics of Music* (Oxford: Oxford University Press, 1999) e *Understanding Music: Philosophy and Interpretation* (Londres: Continuum, 2009). São livros filosóficos, aqui e ali um tanto difíceis. O melhor antídoto para combater o hermetismo é o também citado *Why Classical Music Still Matters* (Berkeley: University of California Press, 2009), de Lawrence Kramer, livro muito inteligente e sedutor, que recomendo enfaticamente.

6.
O Silêncio, com S maiúsculo

Eu tenho uma grande reclamação contra as plateias de todos os países, que é a restrição artificial de aplausos entre movimentos em um concerto ou sinfonia. Não sei onde o hábito começou, mas certamente não se encaixa nas intenções dos compositores.

Pierre Monteux, 1959

É bárbaro dizer às pessoas que é incivilizado aplaudir algo de que gostam.

Arthur Rubinstein, 1966

Quando a música pede aplausos — por exemplo, no final do primeiro movimento do concerto para violino de Tchaikovsky — não me importo, porque é uma resposta espontânea, emocional e instintiva. As vezes em que fico incomodada por aplausos são quando eles parecem superficiais ou protocolares, surgindo simplesmente por algo ter acabado — por exemplo, no final de um movimento lento de uma sinfonia de Mahler.

Marin Alsop, 2013

Devemos dar boas-vindas aos aplausos, onde quer que aconteçam.

Emanuel Ax, 2015

I

John Cage descreveu sua experiência num espaço hermeticamente à prova de som, onde percebeu diversas sonoridades. O "absoluto silêncio" da câmara anecoica era ruidoso, o que nos leva a pensar que talvez o silêncio seja um problema conceitual, filosófico. O experimento de Cage descreve certa indisposição do silêncio em se concretizar, e isso pode ser comprovado empiricamente por todos nós, em espaços ermos ou em lugares isolados.

Na música, a discussão sobre o silêncio deveria ter sempre como ponto de partida a dificuldade de se estabelecer o silêncio de fato. Lidar com o "som do silêncio" é uma contradição evidentemente ingênua; mas entender o silêncio como a ausência do som, comprovado está, é apenas uma ideia abstrata. Por isso, tudo o que podemos é discernir níveis de aproximação ao silêncio. Gradações que se aproximam da ausência do som, e que jamais poderiam ser entendidas estritamente como o silêncio em seu "zero absoluto".

Assim, faz-se necessário compreender o silêncio como um constructo, cuja operação o caracteriza como um elemento cultural. O silêncio é algo instrumentalizado, resultante de acordos estabelecidos entre membros de uma dada comunidade, que pode servir-se dele nos mais distintos âmbitos: ora como o espaço delimitador do próprio sentido de algum objeto sonoro (o espaço cuja convenção exige que se fique quieto nas obras tradicionais da música das salas de concerto); ora como elemento expressivo da música e gesto de impacto retórico (as pausas tais quais previstas no meio das notas); ora como elemento cosmológico (tal como entendido em algumas tradições religiosas — "no princípio era o silêncio").

Na música clássica ocidental, o mesmo John Cage leva ao limite o silêncio como objeto musical per se, como em sua peça *4'33"*. Composta em 1952, para qualquer instrumento, prevê que o(s) executante(s) fique(m) sem emitir qualquer nota durante toda a duração de seus três movimentos. Como demonstram as análises da obra realizadas por Peter Gutmann, a sua performance torna clara uma plêiade de sonoridades presentes e ordinariamente sublimadas em qualquer sala de concerto. Cage demonstra que o silêncio e o ruído são, por um lado, disponibilidades mentais e, por outro, acordos culturais que nos permitem dar sentido a qualquer obra musical.

Embora frequentemente descrita como uma peça silenciosa, *4'33"* não é silenciosa à toa. Enquanto o executante faz o máximo de silêncio possível, Cage quebra as barreiras tradicionais, levando a atenção do palco para a audiência, e até para fora da sala de concerto. Prontamente percebemos uma enorme quantidade de sonoridades, das mais mundanas às mais profundas, das esperadas às surpreendentes, das íntimas às cósmicas: movimentos nas cadeiras, folhear de programas (para entender o que está acontecendo), respiração, o barulho do ar-condicionado, o ranger de uma porta, o barulho do tráfego, um avião, zumbidos nos ouvidos, uma lembrança. Esta é uma música profundamente pessoal. Cada pessoa cria sua própria [...]. É, em última instância, o momento em que a audiência e o mundo se tornam os performers.*

A pergunta necessária que se segue à obra de Cage é a mais essencial da produção musical contemporânea: esse "silêncio" de quatro minutos e 33 segundos consiste, afinal, em uma música ou em um conjunto de ruídos? O acordo rompido por Cage é típico da produção de nosso tempo, já que desloca o sentido da performance do criador para o ouvinte. O compositor se dá conta de que, quando no repertório tradicional se prevê o silêncio, ele é preservado em um sentido próprio, antecedendo ou (raras vezes) seguindo o discurso musical previsto pelo compositor. A perplexidade que leva Cage a fazer seu questionamento artístico é engenhosamente adaptada do mundo das artes plásticas: *4'33"* faz referência explícita aos quadros de Robert Rauschenberg, especificamente sua exposição com telas em branco. O silêncio em música clássica ocidental tradicional é como a *moldura* para os sons; o que Cage faz é expor os ouvintes, assim como Rauschenberg, à *tela* da música.

---

* Peter Gutmann, "The Sounds of Silence". In: *Classical Notes*. Disponível em: <www.classicalnotes.net/columns/silence.html>. Acesso em: 4 dez. 2019. (Tradução minha.)

II

Costumavam ser parte da agenda da Casa Branca, até pelo menos o início da década de 1990, os recitais de grandes artistas clássicos. Sergei Rachmaninoff (durante a presidência de Calvin Coolidge), Arthur Rubinstein (no período de Dwight Eisenhower) e Van Cliburn (que atravessou as administrações de Lyndon Johnson, Ronald Reagan e Bill Clinton), entre muitos outros, foram alguns dos nomes que passaram por ali. Jimmy Carter, talvez o presidente mais dedicado ao gênero, trouxe aos salões da casa presidencial grupos como o Tokyo String Quartet e o Guarneri String Quartet, além de artistas como Rudolf Serkin, Isaac Stern ou André Previn, e indiretamente viabilizou uma série transmitida pela PBS, com Rostropovich, Leontyne Price, Baryshnikov, Andrés Segovia e Vladimir Horowitz.

Retomando a tradição, em 2009, o carismático presidente Barack Obama organizou uma soirée que tinha no programa o violinista Joshua Bell, a violonista Sharon Isbin, o pianista Awadagin Pratt e a violoncelista Alisa Weilerstein. Na ocasião, o presidente contou uma história:

> Se algum de vocês na plateia é recém-chegado à música clássica, e não tem certeza de quando aplaudir, não fique nervoso. Aparentemente, o presidente Kennedy teve o mesmo problema. Ele e Jackie realizaram vários eventos de música clássica aqui, e mais de uma vez ele começou a aplaudir quando não deveria. A chefe do cerimonial, então, elaborou um esquema no qual ela indicaria, através de uma fresta na porta do corredor, o momento correto de aplaudir.*

---

* O discurso original está disponível em: <obamawhitehouse.archives.gov/realitycheck/the-press-office/remarks-president-performance-white-house-classical-music-concert>. Acesso em: 4 dez. 2019. (Tradução minha.)

Ao final, Obama comentou, não sem uma pitada de autoironia: "Agora, felizmente, tenho Michelle para me dizer quando aplaudir". Após risos, ele completou: "Vocês vão ter que se virar de outro jeito".

O presidente norte-americano brincava ao dizer suas verdades. De algum modo, estamos todos sozinhos ao decidir quando devemos ou não aplaudir. A história da formação de um público não aristocrático nas salas de concertos é em si um assunto fascinante, e um tópico de interesse não menor desse processo é a questão de como a regra sobre o aplauso — ou melhor, do não aplauso — veio a se estabelecer como tal. Até hoje, nenhum aspecto do ritual de concerto clássico parece causar mais perplexidade do que o princípio da etiqueta, recente e artificialíssima, que adverte que só se deve bater palmas quando todos os movimentos de uma obra tenham sido tocados.

O protocolo reflete mudanças mais amplas no papel social da música clássica no século XX. O inteligente crítico Alex Ross, responsável pela editoria de música clássica da revista *New Yorker*, faz bem ao lembrar que o problema não é a regra do aplauso — tão misteriosa que até mesmo um professor de direito, transformado em presidente da nação mais poderosa e complexa do mundo, não possa introjetá-la —, mas sim que, por vezes, ao obedecê-la, o público contradiga os próprios compositores frente àquilo que criaram!

Pois não é novidade que o ambiente do concerto clássico do século XVIII e do início do XIX era radicalmente diferente do clima litúrgico (quase fúnebre) que temos hoje. A meu ver, uma das evidências mais saborosas vem de uma carta que Mozart escreveu para seu pai em 1778, na ocasião da estreia da sinfonia *Paris*:

> Exatamente no meio do primeiro allegro havia uma passagem que eu tinha certeza de que iria agradar, arrebatando toda a plateia — houve um grande turbilhão de aplausos.

E como previ seu efeito notável, eu a reapresentei ao final do movimento; e o público aplaudiu de novo, da capo. O andante foi bem recebido do mesmo modo, mas o allegro final agradou especialmente; eu ouvira que aqui os allegros finais começam como os iniciais, a saber, com todos os instrumentos tocando quase em uníssono, e por isso comecei o movimento com apenas dois violinos tocando delicadamente por oito compassos... e de repente veio o forte, mas a audiência estava sussurrando por silêncio entre si, por conta do início tranquilo, como imaginei. Mas quando veio o forte, bem, ouvi-lo e aplaudi-lo foi quase a mesma coisa. Fiquei muito feliz. Após a sinfonia fui diretamente ao Palais Royal, comprei um sorvete, rezei um rosário, como havia prometido, e fui para casa.

Ao investigar passagens como essa é que o musicólogo Richard Taruskin sugere que o contexto talvez deva ser considerado, caso queiramos levar adiante a ideia de ouvir Mozart como Mozart esperava ser ouvido. Seu comentário, é claro, vem cheio de ironia em relação a um fetiche recorrente do movimento chamado *historische Aufführungspraxis*, ou "prática historicamente informada", que hoje é um enorme nicho de mercado, com interpretações musicais feitas usando-se instrumentos de época. Taruskin sugere que não apenas os instrumentos de época, com suas cordas de tripa de carneiro e arcos sem contrapeso de chumbo, são necessários. Para ouvir Mozart como ele gostaria de ser ouvido, e para sermos realmente fiéis ao compositor, é preciso haver aplausos entre e (pasmem) durante os movimentos!

Claro, se for mesmo o caso, agindo assim, implicitamente atentamos contra o status de Mozart como um clássico. Ou pelo menos desafiaríamos alguns conceitos caríssimos a muito frequentadores de salas de concerto, sobre como devem ser tratadas as performances desse repertório. Se para nós pode parecer estranho que grandes obras clássicas tenham se originado em cenários barulhentos, mesmo sendo um pouco difícil precisar em que momento os aplausos devem acontecer, a descrição feita por Mozart revela que o ambiente do salão parisiense de 1778 se aproxima mais dos nossos clubes de jazz que da Sala São Paulo.

Assim, ao contrário do que pode parecer em performances atuais, as intervenções da plateia não eram sinais de desrespeito, mas demonstravam a aprovação espontânea de uma escuta atenta — atenta o ponto de conseguir demarcar, após cada solo exuberante, após cada passagem comovente, assim como ao final de cada peça, o entusiasmo não apenas com a realização e performance do artista mas também com a própria estrutura da apresentação.

Para o público atual das salas de concerto, há momentos objetivamente espinhosos para a contenção das palmas. Por exemplo, as cadências de cada um dos 27 concertos para piano de Mozart. Ou as passagens assombrosas ao longo dos concertos para violino de Niccolò Paganini. Ainda, o final do primeiro movimento dos cinco concertos para piano de Beethoven — cujos acordes finais, altissonantes e viris, são nada menos que um convite ao aplauso.

De qualquer modo, a obra mais controversa e, nesse sentido, didática é, sem sombra de dúvida, a *Sexta sinfonia* de Piotr Ilitch Tchaikovsky. O mestre russo decidiu incluir uma marcha pomposa e enérgica no terceiro movimento, e seus compassos finais, em crescendo vigoroso, invocam aplausos até para aqueles ouvintes que estão com a cabeça no mundo da lua. A exceção é, claro, a parte do público realmente decidida a jamais quebrar a regra do não aplauso entre movimentos — mesmo esta última, porém, deve exercitar, a cada apresentação, um autocontrole férreo. Inequivocamente, Tchaikovsky construiu essa seção específica para provocar uma resposta espontânea no público, e assim foi desde a ocasião da estreia.

O aplauso ao fim do terceiro movimento é a catarse necessária para a contenção ao final do quarto movimento, um grande lamento instrumental de oito minutos.

Acontece que, por vezes, hoje em dia, no fim do terceiro movimento, mesmo quando o aplauso começa, alguns maestros vão direto para o Adagio lamentoso final. Impõem à partitura, assim, um sinal Attacca, não previsto pelo compositor, e fazem com que parte do público deixe de ouvir os perturbadores compassos de abertura do último movimento. Novamente, é Alex Ross quem narra um caso mais grotesco, de uma performance da sinfonia *Patética* pela Orquestra Sinfônica de Sydney, em 2003. O maestro (que o nome fique registrado na posteridade, o russo Alexander Lazarev) ficou tão irritado com os aplausos da plateia que, zombeteiramente, aplaudiu de volta. O crítico Peter McCallum relata o caso:

> A ovação foi tão entusiasmada que a orquestra se levantou para receber os aplausos. Assim, em vez de criar um silêncio constrangedor para o trágico final de Tchaikovsky, os aplausos aumentaram, gritos de "Bravo!" cresceram, e alguns ouvintes pegaram seus casacos e correram para os trens; e pareceu por um momento que o trabalho mais trágico de Tchaikovsky tivesse se tornado o mais otimista, seu programa oculto, do qual falava mas nunca revelou, reescrito como um final feliz. Era como Beckett com Godot aparecendo no final do Ato I, e todos indo para casa.*

O que mais incomoda nessa história é a postura do maestro, não a do público, que havia apenas seguido — intuitiva, espontânea e francamente, como em todo o mundo — as instruções do compositor.

---

* Peter McCallum, "Sydney Symphony". *The Sydney Morning Herald*, 15 ago. 2003. (Tradução minha.)

III

Algumas tradições orientais encaram essa tensão entre som e silêncio de outra maneira. Para muitas culturas, o silêncio é a base da música, o espaço a partir do qual brotam os sons; por isso, a presença do som é motivo de uma celebração engenhosa, uma espécie de aproximação com as forças primordiais. Assim, os sons não são necessariamente organizados para um fim ou expressão determinados, eles são deixados livres, quando muito reunidos gentilmente ou postos em movimento. Uma reunião festiva e de dialética delicada — som/silêncio — que, entretanto, cria a música. O compositor japonês Toru Takemitsu resume parte dessa sensibilidade do seguinte modo:

> Movimentar os sons em volta de nós, do mesmo jeito como dirigimos um carro, é a pior coisa que você pode fazer com eles. Minha forma musical é resultado direto e natural de como os sons eles mesmos se impõem, e nada pode decidir de antemão o seu ponto de partida. Eu não me expresso de qualquer forma através desses sons; apenas reajo a eles e, ao reagir, deixo que a obra floresça por si mesma.*

IV

A "grande transformação do gosto musical" (apropriando-me do título de um importante livro de William Weber) começou com o início da era romântica, a partir da última década do século XVIII. O romantismo, afinal, é caracterizado, entre outras coisas, pela valorização da diferença, pela busca da originalidade. Em termos existenciais, tais predicados traduzem-se

---

* Toru Takemitsu é citado no caderno que acompanha o CD *Toru Takemitsu: Miniatur II* (Deutsche Grammophon, MG 2411). (Tradução minha.)

no romantismo por meio de uma sensibilidade típica, que anseia por aquilo que muitos até hoje consideram fundamental: uma vida devotada à autorrealização. Em termos estéticos, o romantismo traduz-se pela expressão da personalidade única, aquela cuja singularidade expressa a "verdadeira" experiência da realidade interior, compondo as ditas obras de "gênio".

Há muita filosofia e inquietação sociocultural nos bastidores dessa nova estética. E o que poucos historiadores discordam é que Beethoven foi uma figura crucial na grande mudança. Sua música será a primeira, ao menos com impacto relevante, a considerar essa nova atitude do artista em relação a sua audiência. Nem sempre pretendendo ser inteligível ou agradável, é a música de Beethoven aquela que pioneiramente pretende encarnar a encruzilhada de duas ideias contraditórias, a do Sublime sobre o Belo, do "grandioso" versus o "prazeroso". A música dele é vista pelo público de sua época não mais como "um entretenimento que vale a pena ser produzido em honra do grande acontecimento a qual se refere",* usando as palavras de Madame de Staël sobre *A criação* de Haydn (feita para ilustrar graciosamente nada menos que a criação do mundo segundo as Escrituras). Beethoven pretende "fazer mover o medo, o deslumbramento, o horror, o sofrimento e [assim] despertar aquele desejo pelo infinito que é a essência do romantismo",** como diz E.T.A. Hoffmann sobre a *Quinta sinfonia* (que ilustra nada além de si mesma ou, quiçá, o inferno interior do compositor em sua batalha contra o próprio destino).

É essa nova e sacralizada visão da obra de arte que repercutirá no dia a dia das então embrionárias salas de concerto.

---

* Baronesa Staël Holstein, *Germany*. Nova York: Eastburn, Kirk and Co., v. 2. p. 106, 1814. (Tradução minha.) ** E.T.A. Hoffmann, *E. T. A. Hoffmann's Musical Writings*. Cambridge: Cambridge University Press, 2003, p. 98. (Tradução minha.)

E o culto da "grande música", impressionante em suas implicações, substituiu a forma mental que permitia a "música agradável" dos entretenimentos esporádicos do século XVIII. Muda a postura criativa, muda a postura do público. Sai a aristocracia com sua nobreza sanguínea, entra o público burguês com seu desejo pela nobreza espiritual. Como diz Lydia Goehr, em seu livro de referência *O museu imaginário de obras musicais*:

> Assim como a transparência através da fidelidade torna-se o ideal a regular a performance [instrumental] e a regência [de orquestra], um certo ideal é proposto para regular o comportamento da audiência. Como artistas e maestros, o público é solicitado a ser literal e metaforicamente silencioso, de modo que a (V)verdade ou a (B)beleza do trabalho possam ser ouvidas em si mesmas.*

No caso de Beethoven, as estratégias práticas para a imposição de certa postura reverencial — ou ao menos de certa contenção decorosa — são muitas. Na *Quinta* e na *Sexta* sinfonias, ou no *Concerto nº 5 para piano*, Beethoven experimentou uma costura sem interrupção entre movimentos, sobretudo entre os dois últimos, dando não apenas uma coesão maior à estrutura das obras, mas prevendo também uma expectativa crescente e lógica em direção ao movimento final.

Entre tais movimentos, evita-se o aplauso naturalmente, pois ele é, de fato, inviável. De Beethoven, pode-se ainda citar outro recurso, como o de introdução em pianíssimo ao *Concerto nº 4 para piano* ou, mais consequente para a história da música, a abertura da *Nona sinfonia*, em seus compassos que

---

* Lydia Goehr, *The Imaginary Museum of Musical Works*. Oxford: Oxford University Press, 1992, p. 236. (Tradução minha.)

surgem do nada, ex nihilo. Tais estratégias, de uma música que surge "do nada", fazem com que o intérprete exija silêncio para que o drama encenado no palco faça sentido. Mesmo não havendo qualquer referência documental das respectivas estreias, podemos imaginar o intérprete imóvel, até que o silêncio houvesse preenchido a sala, para então, finalmente, tendo obrigado o público a se calar antes do início, inaugurar o gesto teatral que, logo nos primeiros compassos, cria diante de todos um mundo sonoro absolutamente novo.

Essas estratégias abrem caminho para algumas obras de Schubert, e muitas de Schumann e Mendelssohn. Deste último, temos o efeito notório do *Concerto para violino* e, claro, a *Sinfonia escocesa*, que pedem explicitamente (com a sinalização attacca na partitura) que os três ou quatro movimentos que constituem a obra sejam tocados sem intervalos. Mendelssohn pretendia assim, e deixa registrado em alguns documentos, evitar "as longas interrupções usuais". Schumann usa recursos semelhantes em muitas de suas peças para piano, assim como fica claro em suas *Primeira* e *Quarta* sinfonias, ou ainda em seus concertos para piano e violoncelo. Eventualmente, essas inovações serão exploradas em muitas obras de Franz Liszt, da sonata aos poemas sinfônicos.

A entrada para "aplausos" na 11ª edição da *Encyclopedia Britannica* (1910-11) observa: "O espírito reverente que aboliu os aplausos na igreja tendeu a se espalhar para o teatro e a sala de concertos, em grande parte sob a influência da atmosfera quase religiosa das apresentações de Wagner em Bayreuth". De fato, embora antagonista objetivo do tipo de música que Schumann e Mendelssohn produziam, Richard Wagner desempenhou um papel não menos crucial na transformação do comportamento da audiência.

O compositor alemão já havia passado alguns maus bocados por conta da "espontaneidade" pública. Em 13 de março de 1861, a Grande Ópera de Paris abriu suas portas para a estreia francesa de seu *Tannhäuser*. Entre os presentes, o imperador Napoleão II, a imperatriz e princesa de Metternich, Hector Berlioz, Charles Gounod, Charles Baudelaire, Hans von Büllow e Théophile Gautier. Munidos de apitos e matracas, parte do público irrompeu em vaias que duraram do primeiro ato ao final da ópera. Cinco dias depois, novamente na presença do imperador, foi realizada a segunda apresentação, tendo o primeiro ato transcorrido normalmente. Mas ao iniciar o segundo ato, o distúrbio foi tão grande que os músicos e os cantores foram forçados a interromper a apresentação várias vezes. O caos se instalou de maneira definitiva na terceira apresentação, pondo fim às esperanças do compositor em relação à melancólica temporada parisiense.

Algo extraordinário também aconteceu quando das primeiras apresentações de *Parsifal*, em Bayreuth, anos mais tarde, em 1882. Wagner sugeriu ao público que evitasse chamar os solistas à frente da cortina após o final de cada ato, segundo ele, para não embotar o efeito geral. O público entendeu mal a sugestão e simplesmente absteve-se de aplaudir, e assim, de ato em ato, um silêncio absoluto acompanhou a cortina final. Wagner, inquieto, teria dito a seus companheiros: "Agora eu não sei se o público gostou ou não...". Ao que parece, ao fim do espetáculo ele teria se dirigido à plateia, explicando que então já seria apropriado aplaudir, mas os cantores, em seus camarins, não puderam mais voltar para os agradecimentos.

A confusão teria persistido na récita seguinte. A esposa do compositor, Cosima Wagner, escreveu em seu diário: "Depois do primeiro ato houve um silêncio reverente, com um indubitável efeito agradável. Mas quando, após o segundo ato, os aplausos foram novamente calados, tudo começou a se tornar embaraçoso". Ao que parece, duas semanas depois, quando Wagner entrou em seu camarote para assistir a uma cena preferida e gritou entusiasticamente quando ela terminou, seus gritos de "Bravo!" foram calados pelo público! Os wagnerianos, ao que parece, prontamente se mostraram mais católicos que o papa.

Em parte pelo impacto das reformas wagnerianas na Alemanha — iluminação revolucionária, fosso mágico escondendo a orquestra, silêncio obsequioso —, muitas revistas de música iniciam a tentativa de estabelecer analogias entre as salas de concerto e os princípios do Festival de Bayreuth. O universo do festival parecia prometer mais adequadamente a postura desejável para a fruição da "grande música". Wagner, de próprio punho, critica todo o universo de entretenimento que muito da música de sua época havia celebrado, e, paulatinamente, críticos e musicólogos endossam a acusação do mestre contra o virtuosismo, a seus olhos mero exibicionismo, e contra a extrema ornamentação dos espaços de concerto. Torna-se comum a sugestão de concertos apresentados sob luz suave, alguns imaginando, inclusive, as orquestras escondidas atrás de uma tela.

Alguns historiadores descrevem como, no período imediatamente posterior a 1900, a "reforma da sala de concertos" foi tema de muita discussão. Karl Klingler, o líder do quarteto Klingler, teria reivindicado o crédito por instituir a regra do não aplauso em seus concertos em Berlim durante a temporada de 1909-10, mas um pouco antes, em 1905, na cidade de Lübeck, o maestro Hermann Abendroth já havia instruído seu público a não bater palmas entre os movimentos de uma sinfonia.

Não podemos imaginar que, tanto por parte do público quanto dos compositores, essa nova postura tenha se propagado imediatamente, ou de forma indolor. A verdade é que a falta de aplausos foi um sinal perturbador por muito tempo. Brahms reconhece o fracasso de seu *Concerto para piano nº 1* quando o silêncio reinou na estreia após os dois primeiros movimentos. E claro, quando Tchaikovsky sugere que "algo estranho está acontecendo com esta sinfonia", ele estava se referindo a uma frieza perceptível que o público mostrou na estreia de sua *Sexta sinfonia* — os movimentos foram "inequivocamente aplaudidos", como disse um crítico, mas não tanto quanto o esperado. Quando a *Quarta sinfonia* de Brahms foi tocada diante do compositor, em Viena, no ano de 1897, com finais peremptórios entre seus quatro movimentos, "o aplauso que se espalhou após cada movimento foi indescritível". Na primeira apresentação de Londres da *Primeira sinfonia* de Elgar, em 1908, o compositor foi chamado ao palco várias vezes após o primeiro movimento.

Já no adiantado da década de 1920, vários regentes de renome como Toscanini, Klemperer, Stokowski e Furtwängler seguiam numa espécie de cruzada para desestímulo do que consideravam um excesso de aplausos nas salas de concerto, e naquele mesmo período, muitos ouvintes resistiam à proibição, considerando-a um sinal de arrogância por parte de uma nova geração de maestros-divos.

Em 1927, uma carta ao *New York Times* ridicularizou a prática: "Veja, eu não apenas tenho minha grande orquestra nas mãos, mas também posso, com um pequeno gesto, controlar uma multidão enorme!". O compositor Daniel Gregory Mason, ironicamente, escreveu que "depois da marcha fúnebre da *Eroica*, o sr. Stokowski poderia pelo menos apertar um botão e informar à audiência, por um sinal luminoso (silencioso), 'agora você pode cruzar a outra perna'". Olin Downes, o principal crítico do *Times*, fez campanha obstinada contra a regra do silêncio em suas colunas e, em 1938, condenou o gesto de desaprovação feito por Koussevitzky em direção ao público, devido às palmas que soaram após o terceiro movimento da *Sexta sinfonia* de Tchaikovsky, e protestou: "Que ideia antimusical! Esnobismo in excelsis!".

V

Esnobismo? Pois se o poeta disse ser abril o mais cruel dos meses, poderíamos tomá-lo também, para a história da música clássica, pelo mais esnobe. Foi naquele mês, em 2011, que, ao estilo das Sagradas Escrituras, alguém teve a audácia de publicar uma espécie de Tábua das Leis da etiqueta de concertos. Essas foram as controversas recomendações do crítico norte-americano Byron Belt, originalmente escritas para a Filarmônica de Nova York e replicadas por muitas outras instituições de concerto norte-americanas.

Os efeitos deletérios de semelhante documento para a recepção da música clássica não podem ser subestimados. O título — absurdo sob todos os parâmetros, para além da retórica bíblica — é um grande manual do que *não* se pode fazer. Reproduzo-o aqui, mas com a ressalva de que, por se tratar de um artigo sério, uma recomendação a ser lida cuidadosamente, tamanha rabugice não pode deixar de cobrar seu preço: é por coisas assim que muitos fogem das salas de concerto em todo o mundo.

Mas as notas irritadas do crítico são interessantes como documento histórico, descrição do paroxismo mesmo do quão patético pode ser o universo clássico, se visto por pessoas normais, ou seja, as pessoas que desejam assistir à música para se entreter:

OS MANDAMENTOS DA ETIQUETA

A temporada de eventos está começando. As plateias estão preparadas para desfrutar do entretenimento e da inspiração de conjuntos de todos os tipos.

Uma coisa é certa: para muitos, as performances serão marcadas pela impertinência de outras pessoas que se consideram bons cidadãos. São aqueles que ignoram as regras simples de cortesia ou, inconscientemente, destroem o ambiente pacífico necessário para o desfrute de muitas das maravilhosas performances oferecidas a um público geralmente ansioso e disposto.

Aqui estão algumas regras que devem ser reimpressas em todos os programas de concertos dos Estados Unidos. Simples senso comum e cortesia que irão melhorar muito a serenidade e a felicidade dos participantes na mágica das artes. (Funciona também para cinemas.)

Há outros pontos, é claro, e cada leitor terá uma queixa de estimação que omitimos. No entanto, se apenas estes forem obedecidos, ir a concertos será uma alegria e todos nós sairemos mais revigorados.

Não deverá

Conversar. O primeiro e maior mandamento. Fique em casa se não estiver com vontade de dar atenção total ao que está sendo realizado no palco. Isto é especialmente verdadeiro com telefones celulares. Não atenda a ligação.

Murmurar, cantar ou acompanhar com os dedos ou os pés. Os músicos não precisam da sua ajuda e seus vizinhos de poltrona precisam de silêncio. Aprenda a bater os dedos dentro dos sapatos. Isso economiza muito aborrecimento para os outros, e é um excelente exercício.

Folhear o seu programa. Leitores inquietos e viradores de página não são bons ouvintes e distraem muito os que os rodeiam.

Mascar chicletes nos ouvidos dos seus vizinhos. O barulho é completamente indesculpável e em geral inconsciente. A visão das senhoras e dos senhores elegantemente bem-postos que ruminam é uma das experiências mais revoltantes e antiestéticas da atualidade.

Usar relógios de tique-taque ou chacoalhar as joias. Os proprietários geralmente são imunes, mas a percussão é perturbadora para os outros.

Abrir doces embrulhados em celofane. Afora a conversa paralela, esta é a ofensa mais geral para a paz no auditório. Se você está com a garganta ruim, desembrulhe suas pastilhas para garganta entre atos ou movimentos musicais. Se pego de surpresa, abra rápido o embrulho. Tentar ficar quieto abrindo invólucros lentamente apenas prolonga a tortura para todos ao seu redor.

Abrir e fechar a sua bolsa. Este problema costumava se aplicar apenas às mulheres, mas hoje em dia os homens são frequentemente ofensivos, da mesma forma. Deixe qualquer bolsa ou carteira destravada durante a apresentação.

Suspirar com tédio. Se você está agoniado, guarde para si mesmo. Seu vizinho pode estar em êxtase, o que também deve ser mantido sob controle silencioso.

Ler. Isso é menos um pecado antissocial do que uma privação pessoal. É típico que os ouvintes leiam notas de programas, anúncios e o que for. Mas não. Escutar significa apenas escutar. Informações e notas devem ser digeridas antes ou depois da música, não durante. Pode, no entanto, ser melhor para aqueles ao seu redor que você leia em vez de dormir e roncar.

Chegar atrasado ou sair cedo. É injusto para os artistas e para o público exigir assentos quando se está atrasado, ou atrapalhar-se com sua chegada, ou aplicar maquiagem e sair cedo. A maioria das apresentações tem horários agendados. Tente obedecer a eles.*

VI

O compositor John Cage comenta em seu livro *Silence* sobre sua experiência com uma câmara anecoica:

[...] quando entrei eu ouvi dois sons — um alto e um grave. Ao descrevê-los ao engenheiro encarregado, fui informado de que o agudo era meu sistema nervoso em operação; o grave, meu sangue em circulação. Até na minha morte haverá sons. E eles continuarão após a minha morte. Ninguém precisa temer pelo futuro da música.**

Publicado em 2007, o livro *The Rest Is Noise: Listening to the Twentieth Century* (Nova York: Farrar, Straus and Giroux), de Alex Ross, é, antes de tudo, uma deliciosa e bem informada viagem pelos criadores e, por que não, inventores de música do século XX. O título em português, *O resto é ruído: Escutando o século XX*, dá apenas uma dimensão do original. "Rest", em português, pode dizer "descanso", evidentemente. Mas em "musiquês" tem uma tradução muito clara e técnica, que se refere às pausas, o silêncio do discurso musical. Todo o argumento do livro não deixa de ser este: o século XX foi o período em que nada parou, em que mesmo as pausas se tornaram ruídos; na verdade, foi o século em que *sobretudo* as pausas

---

* Essa tábua de proibições foi publicada originalmente no caderno de programação do Metropolitan Opera de Nova York, e depois saiu na revista *Stagebill*. Versões editadas são usadas por diversas sociedades de concerto norte-americanas. (Tradução minha.)   ** John Cage, *Silence*. Middletown: Wesleyan University Press, 1973, p. 8. (Tradução minha.)

se tornaram ruídos, em que ninguém almejava a tranquilidade. Tal como traduzida entre nós, o sentido da palavra "rest" ficou sendo o de "resto", o que sobra. Preservando o discurso autoritário dos vanguardistas, segundo o qual "o que sobra é ruído — música boa mesmo é esta aqui, a do jovem e bom século XX", perdemos o elogio à introspecção.

Traduzir é escolher. A verdade é que a escolha da tradução é induzida e justificada. Ross cita no frontispício a passagem final de Hamlet: "*The rest is silence*", que quer dizer, evidentemente, "o repouso (descanso, sono) é silêncio". O texto já havia sido traduzido em 1978, por Oscar Mendes, como "O resto é silêncio", e depois por Millôr Fernandes, que preserva a mesma construção. Ganhamos um diálogo em português, um diálogo nada provável, entre o livro de Ross e *O resto é silêncio* de Erico Verissimo.*

De qualquer modo, quando Ross provoca com "o resto/silêncio é ruído", ele preserva um paradoxo aparente. Do ponto de vista perceptivo, a ausência de som é antes de tudo uma impossibilidade. Neurologicamente, o silêncio só pode ser compreendido através de certo grau de abstração conceitual, ou inconsciência mesmo, das atividades sonoras; mesmo uma pessoa surda deve ter referências auditivas. Como descreveu John Cage, abster-se da experiência auditiva completamente — ouvir o silêncio no sentido estrito — é impossível.

---

* Os tradutores do português já nos brindaram com algumas gafes deliciosas. *O resto é ruído* nem se aproxima da graciosa *Filosofia em nova chave*, como foi traduzido o título da obra de Susanne Langer, por exemplo, cujo original é *Philosophy in a New Key*, o que quer dizer *Filosofia em um nova tonalidade* — tonalidade musical mesmo, dó, ré, mi maior etc.; a música como símbolo semiótico é a principal preocupação da pensadora norte-americana ao longo do livro. Outra gafe famosa é a de uma biografia de Brahms, quando a referência à "forma ABA" se traduz pela "forma Lá-Si-Lá" — um erro crasso que toma a estrutura pela transliteração musical das notas latinas e seu correlato anglo-saxão. Coisas de Google Translator avant la lettre.

VII

Em 2003 presenciei um dos eventos mais importantes da minha vida musical. Foi um recital com o violoncelista brasileiro Antonio Meneses e o pianista norte-americano Menahem Pressler. No programa, algumas sonatas para violoncelo de Beethoven.

A primeira parte do programa iniciava-se com a *Sonata Opus 102 nº 1*, cujo primeiro movimento divide-se em duas partes, andante e allegro vivace. O andante, com não mais de três minutos, reserva um dos momentos mais sublimes de todo o catálogo beethoveniano. De algum modo, o que Meneses e Pressler realizaram não era possível, estava fora de qualquer razoabilidade de bom ou ótimo numa performance musical: ouvimos algo simplesmente perfeito. O público da Sala Cecília Meireles, incluindo eu, aplaudimos emocionados o que ouvimos. Os artistas receberam os aplausos entreolhando-se, antes de seguir a performance.

Após o concerto, saímos para jantar, os artistas e alguns amigos. Após taças de vinho, tive a coragem de comentar os aplausos fora de hora, dizendo que tudo parecia tão sublime que eu mesmo me juntara aos recalcitrantes.

Foi quando Antonio nos surpreendeu. E contou que eles haviam feito a sonata em outras três cidades antes daquela performance no Rio de Janeiro. E em todas elas o público havia aplaudido exatamente naquele momento, na pausa entre as duas partes do primeiro movimento. Antes da performance na sala de concertos carioca, seguiu Meneses, ele e Pressler estavam ansiosos: queriam manter o alto nível das últimas apresentações e imaginavam o quão bom seria se a plateia carioca respondesse espontaneamente, naquele lugar "inapropriado", com aplausos.

Aprendi uma lição. Aplaudindo, ou seja, ouvindo e respondendo aos artistas, havíamos feito o que devia ser feito.

Sugestões de leitura

Lydia Goehr com seu *The Imaginary Museum of Musical Works: An Essay in the Philosophy of Music* (Oxford: Oxford University Press, 2007) segue o melhor inventário das forças ideológicas que organizam as salas de concerto. Alex Ross lida com o tema em ensaios esparsos, e uma conferência bastante estimulante para a Royal Philharmonic Society, sob o título "Hold Your Applause: Inventing and Reinventing the Classical Concert", está disponível na internet. Richard Taruskin, no terceiro volume de seu *The Oxford History of Western Music* (Oxford: Oxford University Press, 2009), dá excelentes insights sobre o tópico. Não é possível, também, deixar de recomendar *Bayreuth: A History of the Wagner Festival de Frederic Spotts* (New Haven: Yale University Press, 1996).

Do ponto de vista da discussão estritamente poética, as conferências de John Cage, acessíveis nos livros *Silence* (Middletown: Wesleyan University Press, 1961), *A Year from Monday* (Middletown: Wesleyan University Press, 1967) e *Empty Words* (Middletown: Wesleyan, 1979), são reveladoras. Alguns deles já foram publicados em português.

7.
O mínimo que você precisa ouvir para ouvir música clássica...

Todos que gostamos de música clássica acabamos um dia por perguntar como organizar nosso conhecimento a respeito. Todos que adorariam gostar de música clássica buscam inevitavelmente pesquisar um modo de conhecê-la melhor, e procuram, muitas vezes, uma espécie de *minima moralia*, uma pequena ética do ouvinte dedicado. De um lado ou de outro, entre melômanos e iniciantes, a sugestão que se pode dar é sempre a mesma: ouvir, ouvir e ouvir.

E como não há regras para a escuta, como não há espaço mais ou menos adequado e toda oportunidade disponível pode garantir uma boa fruição, o nosso é o melhor dos mundos. Podemos ouvir em casa, no carro, nas salas de concerto, deitados, prestando atenção, curtindo os filhos ou lavando a louça. A maior questão, na verdade, está no fato de a música clássica ser um universo vasto, com um repertório de séculos. A primeira dificuldade da tarefa, e talvez a maior, é de fato curatorial: decidir o que se deve conhecer.

Este capítulo propõe uma seleção guiada pelo repertório, numa espécie de panorâmica básica para um ouvinte curioso, ou aquele outro, dedicado, que pretende organizar parte de sua discoteca.

Alguns podem perguntar, além disso: em que ordem as peças aqui recomendadas devem ser ouvidas? A princípio, sugiro que não se preocupem com uma ordem determinada. Mas, é claro, o repertório produzido entre os séculos XVIII e XIX costuma ser o mais palatável. De qualquer modo, após este pequeno percurso, mesmo que sirva apenas como introdução, será mais fácil cada um identificar suas preferências e escolher em que gostaria de se aprofundar.

Para qualquer seleção proposta, estou convencido de que importa tanto saber "o que" e o "como", quanto o "com quem". Em música, os intérpretes são sempre o verdadeiro canal para nossa sensibilidade (e suspeito de livros de história da música que não os levam em consideração). Por isso, mais do que tudo, este será um guia sui generis, a apontar não apenas composições e compositores, mas intérpretes e gravações específicas, pois, com sorte, muitas delas estarão disponíveis pelos aplicativos de streaming ou pelo YouTube.

O guia aqui sugerido será peculiar também por ser absolutamente idiossincrático. Não creio que haja um cânone definitivo, então, as obras que elenco a seguir são tanto as que considero fundamentais quanto aquelas que me aproximaram pessoalmente da música clássica. Para sanar eventuais problemas, em ambos os casos, sempre que possível tentarei justificar a presença de determinada peça como parte de um roteiro didático.

Deve ficar claro ainda que a lista só tem pertinência se servir de estímulo à curiosidade. A tarefa posterior — tarefa de toda uma vida — deverá ser a de construir uma lista própria, que deve extrapolar em dezenas de páginas as minhas indicações. Aliás, este capítulo e suas páginas não podem ser entendidos senão como isto: explorações iniciais para uma seleção pessoal.

Seis quartetos, Opus 33, de Joseph Haydn

Quer saber qual o seu limite para coisas ótimas? Os *Seis quartetos, Opus 33* (1781), de Joseph Haydn, cada um com cerca de vinte minutos, são a melhor maneira de se fazer essa pergunta. Sempre agradáveis, sempre decorosos, por vezes extravagantes em seu senso de humor, são uma espécie de suma, a síntese máxima do que poderia ser atingido com os meios do estilo clássico. É tudo tão divertido, inteligente e bem articulado que, em algum momento, pode parecer demasiadamente bom.

Haydn conseguiu muito cedo em sua carreira entender as forças envolvidas na transição entre a música da geração que lhe antecedia e aquela da qual faria parte. E eram tempos de mudanças dramáticas, de uma cultura em plena efervescência revolucionária. Compondo sempre atento ao seu público, Haydn mostrou como a comunicação direta poderia manter um alto nível, por assim dizer, "aristocrático".

Como todo repertório anterior à segunda metade do século XIX, muitos intérpretes atualizam a dicção de Haydn nos quartetos a partir da pesquisa com instrumentos antigos, o que não impede versões seguras com instrumentos mais modernos. O Quatuor Mosaïques ou o Quarteto Kodály rendem boas audições, bastante contrastantes entre si. Qualquer que seja o intérprete, uma boa versão deste ciclo deve medir-se por aquela sofisticação expressiva, em humores e ambientes diversos, à qual deve somar-se outra sofisticação, da pena de Haydn, que é estrutural.

O segundo quarteto da série é, nesse sentido, lapidar: com um final falso, podemos imaginar Haydn fazendo piada com seu público, forçando-o a aplaudir no momento "errado". Gesto de um *causeur* notável, como talvez um Erik Satie avant la lettre (diferente do francês, no entanto, pois o humor de Haydn é o da risada conjunta, não do sarcasmo ressentido), a série do *Opus 33* é plena de saídas atípicas e absolutamente geniais como essa. Na íntegra, os *Seis quartetos, Opus 33* podem servir, para um ouvido atento, como a mais pura concretização da sensibilidade tonal, aquela que Haydn inequivocamente ajuda a amadurecer.

Concertos para piano n°s 23 e 27, de W. A. Mozart

Escolher entre os concertos para piano (1773-91) de W. A. Mozart é uma tarefa relativamente inócua. O gosto pessoal não é capaz de arranhar nem a beleza — para muitos, o mais alto grau de beleza possível — e muito menos a importância histórica do ciclo completo. O inquestionável, no entanto, é que, sendo nada menos que 27 joias do gênero, Mozart claramente reserva ao período de sua maturidade as obras de maior impacto. Assim, estão entre os dez últimos concertos as gemas dessa vistosa coroa, que compõe o centro de sua produção instrumental.

Entre elas, qual ourives entre preciosidades, elejo o *Concerto nº 23* (K. 488, de 1786) e o último, o *Concerto nº 27* (K. 595, de 1791), como os mais brilhantes. Elejo-os, reitero, por puro voluntarismo, mas também por achá-los suficientemente ilustrativos das qualidades do catálogo.

O K. 488, por exemplo, demonstra a capacidade genuína de Mozart de evocar ao longo da peça diferentes imagens, nos levando da alegria solar ao universo lúdico nos movimentos extremos — não sem passar pela atmosférica e quase singela contemplação bucólica do segundo movimento. Tudo sem jamais deixar perder certa sensação de absoluta unidade. O K. 595, por sua vez, expressa uma espécie de melancolia, aquele tipo de expressividade trágica que nos permite antever, mesmo entre sorrisos, um tipo indefinível de tristeza ou resignação; o último concerto para piano de Mozart, talvez não à toa uma de suas últimas obras, é uma peça outonal feita por um artista ainda relativamente jovem e pleno de energia, mas que já traduz em si muito da inquietação típica das reflexões sobre a finitude. Ao menos é isso que o concerto nos permite pensar.

Mesmo antes de se tornar um compositor para intérpretes especialistas (resultado dos esforços da "prática historicamente informada"), Mozart sempre foi mais afeito a pianistas de alguma delicadeza. Em gravação, talvez o mais pungente dos registros siga sendo aquele deixado por Clara Haskil. Detentora de uma franqueza angelical, ela realizou o que para todos nós é uma espécie de *benchmark*, a versão insuperável para duas ou três gerações de pianistas. Com orquestras e maestros muito diferentes (o *Concerto nº 23* com a Sinfônica de Viena e Paul Sacher, o *Concerto nº 27* com a Filarmônica de Berlim e Ferenc Fricsay), ela mostra como pode agir alguém que, sem deixar de ser o controle e centro emocional de toda performance, jamais deixa seu protagonismo confundir-se com estrelismo ou vaidade.

Uma versão pouco comentada do *Concerto nº 23* é aquela de Friedrich Gulda e Nikolaus Harnoncourt, e aqui a menção ao regente é fundamental, pois Harnoncourt leva a escrita orquestral mozartiana a outro nível de detalhamento. Entre aquelas com instrumentos antigos, a versão de Malcolm Bilson (com John Eliot Gardiner e a English Baroque Soloists) segue a mais original e, a despeito do rigor filológico, possui absoluta espontaneidade.

Com a English Chamber Orchestra, em instrumentos modernos, o norte-americano Murray Perahia foi responsável por uma integral respeitável, na qual, como regente e solista, apresentou magistralmente as luzes e sombras do mestre de Salzburg.

Paixão segundo são Mateus, de J. S. Bach

As *Paixões* de J. S. Bach são talvez a mais alta expressão deste que, para muitos, é o maior compositor de toda a história da música. Das quatro leituras das Escrituras planejadas pelo compositor, sobreviveram duas, a *Paixão segundo são Mateus* e a *Paixão segundo são João*.

Apresentada pela primeira vez na cidade de Leipzig, em 1727, a *Paixão segundo são Mateus* foi esquecida com a morte do compositor, em 1750. Retornou à luz apenas em 1829, pela mão de Felix Mendelssohn-Bartholdy, e, desde então, impôs-se definitivamente como um verdadeiro monumento da cultura ocidental. Sim, embora pensada como obra de culto, por um artista religioso que encarava como de extrema responsabilidade a tarefa de expressar a intensidade da história do sofrimento de Cristo, a verdade é que a obra resiste com naturalidade nas salas de concerto. Com suas duas orquestras e dois coros, solistas instrumentais e vocais, as mais de duas dezenas de seções que compõem esta *Paixão*, ouvidas independentemente ou como um todo, são a marca da potência do engenho humano.

Entre as versões da *Paixão segundo são Mateus*, uma deve ser assistida em vídeo, eventualmente adquirida, para bem de qualquer filmoteca, que é aquela da Filarmônica de Berlim sob a regência de Sir Simon Rattle, com a encenação de Peter Sellars. Um projeto arriscado, curioso mesmo, de tratar como ópera o que ópera não é, mas cujo resultado foi um dos espetáculos mais comoventes da história da música recente. Outra versão que me tira o prumo é a quarta gravação de Nikolaus Harnoncourt, que conta com um elenco de solistas estelares, como Christoph Prégardien, Matthias Goerne, Christine Schäfer, entre outros. A suma do talento humano à mercê da música de seu maior gênio.

Glenn Gould

Muitos especialistas o detestam, outros tantos o veneram. Mas todos concordam que ele é um dos grandes artistas da história. O pianista canadense Glenn Gould é uma figura especial em muitos sentidos e, para entendê-lo, indo além do belíssimo documentário dirigido por François Girard (*Trinta e dois curtas sobre Glenn Gould*, de 1993), sugiro a audição de suas interpretações para as *Variações Goldberg*, de Johann Sebastian Bach. A primeira foi realizada em 1955 e tem pouco menos de quarenta minutos; a segunda, de 1981, possui algo em torno de dez minutos a mais. As duas versões são magnéticas, e instrumentalmente inexplicáveis.

Sonata Kreutzer, de Beethoven

A *Sonata Kreutzer* (1803) é literalmente uma das obras mais célebres de todo o repertório clássico. Talvez tenha alcançado tal reputação diante da novela extremamente popular de Liev Tolstói, intitulada *A sonata a Kreutzer*. No entanto, mesmo antes da canonização literária, seu nome já integrava o grande repertório de concertos.

Por que essa peça chamou a atenção de Tolstói não se sabe ao certo. Talvez seja a grandiloquência: é longa e agitada, expressando mesmo certa obsessão — análoga aos termos de um personagem da trama —, enquanto piano e violino nunca interrompem seu diálogo quase frenético. Historicamente, é relevante notar que, por muito tempo, o que conhecemos como "sonata para violino" foi muito apropriadamente chamada de "sonata para piano e violino". A ordem das referências parece indicar que o violino seria eventualmente dispensável — mas não na *Kreutzer*. Nela, mais que em qualquer obra anterior de Beethoven para piano e violino, o talento e a técnica de ambos os instrumentistas são essenciais.

Tais tempestades instrumentais servem ao melhor do romantismo beethoveniano. Mais que muitas de suas sinfonias e quartetos de cordas, é com a *Kreutzer* que podemos entender de modo direto aquele surpreendente arrebatamento que chocou muitos contemporâneos do compositor e que segue encantando todos que se dispõem a entrar neste universo particular que é a selva espiritual do sr. Ludwig van.

Geralmente registrada com alguma outra entre as nove sonatas para violino e piano do compositor, entre as gravações disponíveis sugiro duas: Itzhak Perlman e Vladimir Ashkenazy (junto com a sensualíssima *Sonata primavera*) ou aquela com a excelente Isabelle Faust e seu parceiro Alexander Melnikov (parte de uma integral inesquecível).

Viagem de inverno, de Franz Schubert

Viagem de inverno (1828) é um ciclo de canções originalmente escrito para voz e piano, e em alemão. O exercício é importante:

se o ouvinte não é fluente na língua germânica, poderá ouvir ingenuamente (como ouvimos qualquer canção em outro idioma) levado pela sonoridade mágica da voz e do piano, sem reconhecer o que dizem as palavras. Se for um pouco mais curioso, poderá acompanhar com o texto traduzido, como eu mesmo acompanhei em minha adolescência os lançamentos de discos de bandas como Pink Floyd ou Pearl Jam.

Muito a propósito, a forma é a mesma dos grandes álbuns de rock. Schubert decide por uma estratégia "fonográfica" avant la lettre, em peças independentes de três ou cinco minutos, que, encadeadas tal como estão, resultam num segundo sentido, eventualmente mais denso e sofisticado.

E qual o sentido desta *Viagem de inverno*, com texto do poeta, seu contemporâneo, Wilhelm Müller? Tal como o álbum *Wish You Were Here*, do Pink Floyd, há duas narrativas envolvidas. O ciclo schubertiano fala, aparentemente, de paisagens enevoadas, a busca pelo aconchego de lareiras e o calor das amizades; mas, muito prontamente, a música e as harmonias encadeadas reforçam outro tema, mais complexo e verdadeiro, onde o inverno não é exterior, mas íntimo. *Viagem de inverno* trata, portanto, da desolação emocional, a típica inquietação romântica e a inadequação social dos trágicos, sejam eles poetas, amantes ou injustiçados.

Com referências a noivas e companheiras, o ciclo talvez tenha sido originalmente pensado para vozes masculinas (embora a eventual homossexualidade do compositor já tenha permitido teses contrárias). Na prática, há muitas gravações recomendáveis, com cantores e cantoras, registros graves e agudos. Se o ouvinte quiser uma experiência radical, deve começar com Thomas Quasthoff e sua comovente gravação com Daniel Barenboim, disponível em DVD e Blu-Ray (excertos no YouTube). A expressividade de uma música e texto tão pungentes, sob o comando de um artista tão extraordinário quanto trágico, como é o barítono alemão (vitimado pelo tratamento com talidomida), é das experiências mais impressionantes da música do nosso tempo.

Se a preferência for construir sua recepção da obra num crescendo de emoção, deve-se começar com as versões de Peter Schreier (estilisticamente mais correto com András Schiff, ou coloristicamente mais impressionante com Sviatoslav Richter), e delas passar pelas gravações de Dietrich Fischer-Dieskau (com Gerald Moore ou Alfred Brendel ao piano, ou, minha preferida, com Murray Perahia). Entre as mulheres, pode-se ouvir reiteradamente Brigitte Fassbaender (com Aribert Reimann no piano).

Concerto para violino nº 1, de Niccolò Paganini

O *Concerto nº 1* de Niccolò Paganini foi composto na Itália, provavelmente entre 1817 e 1818, época em que o compositor estava no auge da carreira como artista itinerante (ele sairia pela primeira vez de seu país natal apenas em 1828). Do ponto de vista estilístico, a obra é inequivocamente inspirada no ambiente da ópera, com instrumentação e inspiração melódica retirada do universo do *bel-canto* de Rossini, Bellini e Donizetti. O virtuosismo olímpico, obviamente, é resultado da rotina, por assim dizer, "circense" do compositor. Se o leitor quer entender o universo dos modernos *guitar heroes*, a figura do virtuose que alucina fãs com passagens instrumentalmente impossíveis em sua dificuldade e rapidez, basta saber que toda sua história começa nessa obra. O *Primeiro concerto* demonstra a técnica diabólica que fez a fama do seu criador e gerou as lendas em torno de seu pacto demoníaco, e segue — com ou sem referências mefistofélicas — impressionando os públicos de todas as épocas.

Minha gravação preferida — leve, colorida, bombástica — é a do violinista Salvatore Accardo, com a London Philharmonic Orchestra sob regência de Charles Dutoit.

Valsas, de Chopin

As *Valsas* (1824-49) de Chopin talvez componham o ciclo mais adequado para o primeiro contato com a música instrumental. Não são poucos os amigos que relatam ter sido com as *Valsas*, e seus mais diferentes intérpretes, que começou seu amor pelo clássico. As primeiras parecem música de desenho animado; outras são pungentes a não poder mais.

Trata-se de um repertório leve, composto originalmente para performance de diletantes em ocasiões despretensiosas. Deve ser ouvido, assim, por adultos, adolescentes e crianças. Dinu Lipatti e Arthur Rubinstein fizeram belíssimas integrais, assim como, mais recentemente, é belíssima a integral de Alice Sara Ott. Há ainda as versões justamente elogiadas de Samson François e Nikita Magaloff. Uma outra, um pouco mais heterodoxa, que de algum modo se distancia da melancolia quase doentia com que costuma ser lido o compositor polonês, é a do pianista russo Alexander Brailowsky.

Segunda sonata e a "Marcha fúnebre", de Frédéric Chopin

Minha primeira memória musical foi com essa obra. A "Marcha fúnebre", propriamente, aparece no terceiro movimento de uma peça maior, em quatro partes, a *Segunda sonata* (1840) para piano de Frédéric Chopin. Tudo o que de melhor a música clássica pode oferecer está lá: emoção direta e impactante, reflexões sobre finitude e redenção, um certo páthos heroico.

Na *Segunda sonata* como um todo, e na "Marcha" especialmente, Chopin está a velar sua Polônia natal, tomada anos antes por uma virulenta guerra civil. Sua migração o forçara a deixar amigos, familiares e outras importantes referências intelectuais e emocionais que jamais o abandonariam. Em seus impactantes sete minutos, a "Marcha fúnebre" conta com uma seção central, de expressão idílica, talvez ingênua, que muito se assemelha a uma canção de ninar. O contraste é emocional e narrativamente selvagem, um corte cinematográfico entre o cortejo fúnebre e o sono infantil.

Na estrutura geral dessa sonata, a "Marcha" segue à erupção violenta do scherzo — uma espécie de dança macabra que ocupa o segundo movimento. Este deve ser, a meu ver, o movimento seguinte ao qual o ouvinte deve se familiarizar. Muito rapidamente, a narrativa que leva do segundo ao terceiro movimento — do scherzo até a "Marcha fúnebre" — parecerá natural. E então será fácil usufruir toda a *Segunda sonata*, com seus quatro movimentos de agonia e paixão.

Entre as grandes gravações disponíveis, a mais fluente é a de Martha Argerich. Mas, após degustá-la, sugiro que o ouvinte tome conhecimento da versão arrebatada, tétrica, expressionista quase, do russo Vladimir Horowitz; por fim, talvez valha a pena conferir um "buquê" mais equilibrado, com o maior dos mestres deste repertório: Arthur Rubinstein.

O idílio de Siegfried, de Richard Wagner

O idílio de Siegfried (1870) é uma suave e amorosa contemplação, e Richard Wagner jamais soará tão delicado, tão intimista e tão pouco teatral como o que se ouve ali.

Diferente do que sugere, a obra não é um excerto da ópera *Siegfried*, terceiro drama musical de *O anel dos nibelungos*. Wagner compôs seu *Idílio* como um presente de aniversário para sua segunda esposa, Cosima Liszt (ex-mulher do amigo Hans von Bulow), que havia acabado de dar à luz o primeiro filho do casal, Siegfried, nascido em 1869. Os Wagner residiam então na Suíça, às margens do lago de Lucerna, e por isso seu título original, *Idílio em Tribschen, com o canto de passarinho de Fidi e um nascer do sol alaranjado*.

Sua primeira execução se deu na manhã de Natal de 1870, quando Wagner reuniu amigos da orquestra do Tonhalle de Zurique, e o próprio regente da orquestra (Hans Richter) tocou a parte do trompete. Ao que parece, Cosima foi despertada naquela manhã pela melodia de abertura, uma música cujos sons e história parecem evocar aqueles raros momentos onde a realidade parece sonho, e a vida parece ser simples e auspiciosa. Se puder escolher, prefira a versão original com orquestra de câmara àquelas com orquestra sinfônica.

Quinteto para clarinete, de Johannes Brahms

Um dos últimos trabalhos do compositor alemão Johannes Brahms, o *Quinteto para clarinete* (1891) é uma surpreendente saída da aposentadoria anunciada um ano antes, e foi inspirado pelo contato do compositor com o clarinetista Richard Mühlfeld, a quem Brahms dedicou ainda um trio e duas sonatas.

Brahms costuma ser um compositor com alto poder de contenção, e isso traduz-se no seu catálogo, que apresenta uma qualidade média altíssima. No *Quinteto para clarinete* a depuração técnica e poética ganha uma nova dimensão, onde a complexidade da forma jamais oblitera a comunicação imediata.

Muitos argumentam que essa peça é o trabalho de câmara mais profundo de Brahms, e, embora possa parecer uma simplificação exagerada descrevê-lo como outonal, há sem dúvida um tom de melancolia ou tristeza a permear toda a peça. Talvez o mais surpreendente do *Quinteto* seja a imensa paleta de emoção e de texturas, uma liberdade de gesto que é claramente fruto do melhor da maturidade.

Embora trate-se do tipo de música que em qualquer versão comoverá o ouvinte — uma peça impossível de soar mal —, as gravações que me vêm de imediato à mente são duas: Vermeer Quartet com Karl Leister, cujo instrumento parece vir de outro planeta; e a segunda, luminosa, com David Shifrin e o Emerson String Quartet.

Quarta sinfonia, de Gustav Mahler

Mahler tem nove sinfonias, a maior parte delas com mais de uma hora de duração. Diante disso, a *Quarta sinfonia* (1900) é uma pequena delicadeza do compositor, não apenas pelas dimensões reduzidas, mas pela expressividade, que, numa orquestra quase mozartiana, conta com uma sensibilidade harmônica (mais ou menos) ortodoxa, a despeito do colorido e da "narrativa" sofisticados, culminando na singela canção do último movimento.

É no último movimento, exatamente, que descobrimos que o eu poético da *Quarta sinfonia* é infantil, e inequivocamente isso torna, em retrospectiva, ainda mais comoventes os movimentos iniciais. O texto fala do fascínio à chegada no Paraíso, e da felicidade das lembranças daquilo que foi deixado. Sim, aos olhos de uma criança, tudo fica ainda melhor.

Uma rara gravação de Bernard Haitink e sua Orquestra Sinfônica Real do Concertgebouw de Amsterdam segue como minha interpretação ideal. Outras, com Claudio Abbado e Riccardo Muti, são sempre elegantes (talvez esta seja, pelas simetrias e clareza de ideias, uma espécie de "sinfonia italiana"). Mas a soprano Maria Ewing, que participa da gravação de Haitink, é ainda a mais convincente ao traduzir uma pequena quimera, a da ingenuidade mahleriana.

Sagração da primavera, de Igor Stravínski

Os fatos que cercam a concepção dessa obra como balé sempre foram conhecidos: encomendada a Igor Stravínski por Sergei Diáguilev, para a companhia dos Balés Russos, após o sucesso extraordinário de *O pássaro de fogo* (1910) e *Petrushka* (1911), a estreia da *Sagração* acabou por causar um tumulto célebre. E o escândalo apenas fez crescer a fama de todos os envolvidos — não apenas da companhia, do empresário e do compositor, já citados, mas também do coreógrafo Vaslav Nijinsky.

Dividido em duas partes — "A adoração da terra" e "O sacrifício" —, o balé original parecia prever tais excitações. Em uma narrativa na qual tudo exalava energia e sensualidade, sua temática era ao mesmo tempo simples e brutal. Para a consagração da chegada da primavera, com sua fertilidade e bonança, uma tribo de tempos pré-cristãos elegia uma virgem para um rito sacrificial, no qual ela deveria dançar até a morte.

A coreografia de Nijinsky pareceu a tradução justa para uma provocação. Todo virtuosismo individual foi eliminado, com a maioria das composições em grupo e sem prever sequer um *jeté*, uma pirueta ou um arabesque. Em geral, o movimento parecia reduzir-se a saltos pesados, caminhadas estilizadas e uma posição básica que ia contra todo o código da elegância no palco: os pés virados para dentro, com grande exagero, joelhos dobrados, braços curvos e cabeça em posições angulosas e desconexas.

Mas não era uma provocação. A *Sagração da primavera* (1913) contém e ilustra muito daquilo que comporia desde então a sensibilidade modernista por excelência: a hostilidade às formas tradicionais, o fascínio pelo primitivo e atávico, um convite às forças não racionais e inconscientes e, claro, certa revolta contra as convenções sociais. Tratava-se antes de tudo de um espetáculo premonitório, aquele apresentado pela primeira vez no dia 29 de maio de 1913, no Theatre des Champs Elysées, em Paris. Falava de um tempo que é o nosso, a música para um espetáculo que segue, a cada nova montagem, fazendo-se de espelho para nossa própria vertigem — vertigem que é, para muitos, nossa mais apropriada condição.

Além da versão do balé original, reconstruída cuidadosamente pela companhia do Teatro Mariinsky de São Petersburgo, numa performance de tirar o fôlego e regida pelo maestro Valery Gergiev, a grande referência entre as propostas coreográficas posteriores deve ser aquela registrada em vídeo pela alemã Pina Bausch e sua Wuppertal Tanztheater: brutal e única, a meu ver é a melhor expressão de toda monstruosidade terrível do roteiro original.

Sinfonia clássica, de Sergei Prokofiev

Sempre me surpreendeu que a mesmíssima cultura russa cosmopolita da virada entre os séculos XIX e XX nos desse uma obra selvagem como a *Sagração da primavera* e os cumes da educação cultivada pela academia, como é a *Sinfonia clássica* (1916), *Opus 25*, de Sergei Prokofiev. Três anos após o escândalo internacional de Stravínski, será Sergei Prokofiev a nos dar aquela que é sem dúvida a mais extraordinária entre as respostas ao escândalo da *Sagração*.

Pensada objetivamente como um exercício irônico sobre o estilo musical do século XVIII — com especial atenção à picardia e à inteligência de Joseph Haydn —, a *Sinfonia clássica* é, talvez inconscientemente, o negativo da *Sagração*. Se em uma temos o atavismo do apelo às forças primevas de tribos pagãs (fantasia de seus autores), em outra temos a ironia sutil ou, melhor, a elegância zombeteira do compositor que, como um Duchamp ultraculto, coloca bigodes na Mona Lisa.

Longe do universo dadaísta, no entanto, do ponto de vista da história da cultura a *Sinfonia clássica* de Prokofiev pode ser entendida como um exemplar daquele processo de maturação da autoconsciência que, nascido nas gerações de artistas do início do século XIX, culminará tornando-se uma condição sine qua non do próprio cosmopolitismo moderno.

Costumamos atribuir maior importância a expressões graves, pesadas e densas, que seriam assim expressões de verdadeira riqueza emocional ou espiritual. O que muitas vezes esquecemos é que existe um rigor absoluto no humor, e ele, apenas ele, pode nos dar o distanciamento necessário para uma boa compreensão de todas as nossas misérias e fortunas. Ao fim e ao cabo, talvez seja a ironia inteligente que melhor encarne a mais alta expressão de nosso tempo. E se for assim, temos que reconhecer o pioneirismo e a perspicácia de Sergei Prokofiev e seu *Opus 25*.

Há muitas boas versões da *Sinfonia clássica*. Entre minhas preferidas, a de Karajan com a Filarmônica de Berlim ou a de Valery Gergiev com a Orquestra Sinfônica do Teatro Mariinsky; mais heterodoxa, a versão de Kurt Masur e a Filarmônica de Dresden.

Maria Callas

Com nariz, boca e olhos desproporcionais, a cantora grega Maria Callas encarnou mais que ninguém o triunfo da personalidade e do carisma sobre a aparência. Depois de chegar aos 108 quilos, em 1953, iniciou uma dieta polêmica, perdeu mais de trinta quilos e tornou-se uma diva. Foi então que a cantora cuja voz de recursos expressivos enormes, e que já havia impressionado a todos nos palcos da ópera internacional, tornou-se um ícone pop. Em 1959, conheceu o armador grego Aristóteles Onassis e, por ele, abandonou Giovanni Battista Meneghini, com quem havia sido casada por dez anos. Era o que faltava para que, do alto de seu 1,75 metro, passasse a viver na tênue linha que separa o universo do show business e da alta cultura.

Ou quase viver. Dedicando-se a uma intensa vida social, que incluía festas, passeios de iates, viagens, e afastando-se dos estudos, ao lado de um marido que não gostava de ópera (e aparentemente preferia que ela parasse de cantar), Callas quase sumiu dos teatros e dos palcos. Realizou sua última apresentação em 1974, no Japão — quando, muitos lamentam reconhecer, já não tinha o mesmo frescor. "Os deuses levaram a sua voz", teria comentado não um crítico, mas o amigo Yves Saint Laurent. Callas passou os últimos anos de vida trancada em seu apartamento parisiense, e morreu aos 53 anos, em 1977.

A aposta é que sua relação nefasta com Onassis, um sujeito rico mas inculto e rude, a teria feito acender para logo apagar como um fósforo. No entanto, quando iniciou sua tragédia pessoal ela já havia registrado o calor incandescente de sua voz, aquele que contamina até hoje ouvidos que não se cansam de reconhecer nela a encarnação mesma da ideia da diva, no sentido etimológico do termo: alguém cuja presença reverbera algo divino, algo mais fácil de imaginar que descrever. A força comercial da potência dramática de Callas segue indiscutível, como testemunham as dezenas de coletâneas ainda disponíveis. Suas interpretações de certo repertório italiano, mesmo que controversas estilística ou filologicamente, são documentos eternos da mais pungente expressão da voz humana.

Em dezembro de 2017, o crítico do *New York Times* Anthony Tommasini comenta que a maior gravação de ópera da história é da *Tosca* de Puccini, realizada em 1953 por Callas, com Giuseppe di Stefano e Tito Gobbi, sob a regência de Victor de Sabata e as forças do Teatro alla Scala de Milão. Talvez seja uma boa aposta para qualquer discoteca.

Primeira e *Quinta* sinfonias, de Dmítri Shostakovich

Uma ameaça de morte: assim podemos ler o editorial do *Pravda* após a performance da ópera *Lady Macbeth do distrito de Mtsensk* (1932), de Shostakovich, que teve o próprioIóssif Stálin na plateia. A resposta do compositor — um gesto de realpolitik levado ao ambiente criativo — foi a sua *Quinta sinfonia* (1937), apresentada após o mea culpa publicado pelo compositor em um jornal soviético da época, segundo o qual a *Quinta sinfonia* seria "a resposta de um jovem artista soviético a uma crítica justa".

O fato é que Dmítri Shostakovich era até então o mais impressionante entre os novos criadores daquela "nova civilização", a que se apresentava luzidia aos olhos do Ocidente após a Revolução de Outubro. E é em parte para entender o fascínio da proposta libertária soviética, ou mais precisamente da Rússia pré-stalinista, que todos devemos ouvir também a *Primeira sinfonia* (1925) do jovem Shostakovich (ele tinha dezenove anos quando concluiu a obra). Tudo de melhor do modernismo está ali: humor, educação sofisticada — a se traduzir tanto nos recursos avançados de instrumentação quanto na forma —, o prenúncio do fim das hierarquias entre alta e baixa cultura. A *Primeira sinfonia* é uma espécie de suma da energia evidentemente disruptiva de muitos elementos "canônicos" que haviam criado a sensibilidade revolucionária, o universo espiritual de toda uma época. O que não é moderno, nem romântico, nem sociologicamente explicável, é a precoce e extraordinária inteligência do compositor.

Grandes gravações são aquelas dos maestros Mariss Jansons e Valery Gergiev.

As quatro últimas canções, de Richard Strauss

Foi com Elisabeth Schwarzkopf, numa versão que ouvi aos dezenove anos, que conheci *As quatro últimas canções* (1948) de Richard Strauss. Não soube na hora, mas hoje reconheço que a emoção imediata era devida em parte pela direção quase mágica, e para mim até hoje incomparável, de George Szell sobre a Orquestra Sinfônica da Rádio de Berlim. Se poucas linhas de canto são tão comoventes e estimulantes como as da angelical Schwarzkopf, poucas orquestras são tão flexíveis, nenhuma conta com sonoridade tão paradoxalmente densa e transparente como a de Szell. Um sonho de música.

Salve Regina, de Arvo Pärt

Arvo Pärt talvez seja o mais celebrado e popular entre os compositores do nosso tempo. Que Pärt seja um artista profundamente místico e sua música tente ser, na forma e no conteúdo, a expressão de sua fé, talvez diga tanto de nós quanto dele. Entre suas obras, *Salve Regina* (2001) mantém uma extraordinária capacidade de síntese e seus doze minutos de duração preservam o melhor da estética madura do compositor. A oração latina, sem contar com qualquer alteração em seus versos, mostra-se, com a música de Pärt, atualizada em toda sua pertinência, a expressar o desejo de consolo em um mundo insólito e desolado.

Sugestões de leitura

Para quem quer aos poucos construir uma discoteca, o contato com os personagens da história da música e suas respectivas contribuições é uma forma muito estimulante de fazê-lo. Um excelente guia para a biografia dos compositores — e, a partir delas, para algumas referências mais gerais sobre suas produções — pode ser encontrado no livro *A vida dos grandes compositores* (São Paulo: Novo Século, 2010), de Harold Schoenberg. Para os fluentes na língua inglesa, *The Rough Guide to Classical Music* (Londres: Rough Guide, 2010) é uma excelente alternativa, mais atualizada e certamente mais abrangente. Indispensável, para quem não deseja perder-se nas eventuais dúvidas que a exploração do repertório poderá trazer, é o *Dicionário Grove de música: Edição concisa* (Rio de Janeiro: Zahar, 1994), que, com seus quase 10 mil verbetes, é o melhor livro de consulta em português, mesmo para profissionais do ramo.

8.
Bis, "tris" e outros penduricalhos

Mozart, em uma de minhas cartas preferidas, de 12 de abril de 1783, comenta um de seus grandes sucessos em Viena:

> O imperador também estava. Toquei o primeiro concerto [de Anton Teyber], o mesmo que apresentei em meu próprio evento [dias antes]. Repeti o rondó; então, quando sentei novamente ao piano, em vez de tocar mais uma vez o rondó, tirei a partitura da frente e improvisei. Você deveria ter visto como essa pequena surpresa deliciou o público; eles não apenas aplaudiram veementemente, mas gritavam "Bravo!", "Bravíssimo!". O imperador aplaudiu até o final e, quando deixei o piano, ele abandonou seu camarote — por óbvio, havia ficado no concerto apenas para me ver.*

Mesmo não dispondo das patentes imperiais, ao final de cada concerto aplaudimos e pedimos mais. Um pouco por protocolo, eventualmente por entusiasmo, o concertista — mesmo não sendo Mozart — entra e sai, algumas vezes, sob aplausos e movimentos de arcos e pés da orquestra. É quando ele se mostra lisonjeado e, às vezes exausto, sugere com gestos exagerados não merecer tantos aplausos, afinal o mérito é do

---

* Wolfgang Amadeus Mozart, *A Life in Letters*. Londres: Penguin, 2007, Carta 133. (Tradução minha.)

compositor... Entra e sai, agradece a generosidade da plateia. Entra e sai. Aplausos. O.k., uma peça a mais. O concertista se prepara, todos da plateia correm de volta aos seus lugares. Durante o murmurinho de pedidos de silêncio, ele anuncia a peça. E quando começa a tocar, alguns se perguntam: "Que peça é essa?", "O que ele disse?".

Esse protocolo curiosíssimo é parte do show, é o chamado "bis". Seu uso moderno, até onde podemos documentar, é inaugurado, muito antes das primeiras salas de concerto, nos teatros de ópera italianos, onde, no século XVIII, se tornou um ritual frequente. A própria estrutura da ópera, de algum modo, estimulava seu expediente: organizada desde suas origens entre árias e recitativos, ou seja, trechos quase independentes entre si, acabou por permitir o pedido do público entusiasmado pela repetição dos momentos mais agradáveis.

Sabemos que na récita inaugural de *Le Nozze di Figaro*, de Mozart, em 1º de maio de 1786, "muitas peças foram repetidas, fazendo com que o tempo da performance praticamente dobrasse". O caso dessa "avacalhação" completa, que marcou o sucesso das *Nozze* por conta do bis (imagine uma sessão de cinema com replay de cada momento preferido!), fez com que o imperador Joseph II da Áustria (1741-90) decretasse no dia 9 de maio de 1786 uma lei que proibia intervalos para o bis durante as óperas. A proposta de Joseph II, é claro, durou tanto quanto as leis de limite de velocidade das marginais paulistanas, mas, a partir dela, várias outras foram editadas pelas autoridades competentes a fim de impor limites às interrupções populistas e dramaticamente indefensáveis do bis. Uma solução, mais elegante embora não de todo reproduzível, foi encontrada pelo irmão do imperador, Leopold II (1747-92), alguns anos mais tarde. Em 7 de fevereiro de 1792, Leopold gostou tanto da récita privada de *Il Matrimonio segreto*, de Domenico Cimarosa (1749-1801), que convidou todos os artistas para jantar após a récita, e então, depois do jantar, exigiu o bis... da ópera inteira!

Não sei se foi o caso da ópera mozartiana, ou daquela de Cimarosa, mas em alguns eventos do gênero, por volta de meados do século XIX, uma parte do público não ia ao teatro para ouvir o espetáculo; passava a récita nos corredores ou nas antessalas dos camarotes privativos, entre conversas, bebidas e jogos de cartas, aguardando ali algumas das árias preferidas. Para saber o momento certo, o usual era deixar no camarote um encarregado, geralmente um guri contratado para a ocasião, para chamar os nefelibatas ao camarote quando começava um dos trechos preferidos. Chegado o momento, os nefelibatas eram convocados; por vezes vaiavam, por vezes aplaudiam e, outras tantas, pediam bis. E claro, vinha o bis, após o qual voltavam ao carteado.

O fato é que, em tempos pré-gramofone, o bis era quase uma necessidade. Afinal, quando há de se ouvir novamente tal ou qual melodia? Talvez por isso tenha sido no momento da popularização dos primeiros registros fonográficos que o hábito decai na ópera. Nos espetáculos de ópera, o maestro Arturo Toscanini, nas décadas iniciais do século XX, esteve entre os primeiros cruzados do antibis. Hoje, o único bis respeitado, e não em todos os teatros, é a repetição do coro "Va pensiero", da ópera *Nabucco*.

Com o bis de árias tornado raríssimo, os casos onde eles são realizados se tornam célebres em todo o mundo, ainda mais com sua divulgação sendo catapultada pelas mídias sociais. O mais famoso caso dos últimos anos, viralizado no YouTube, foi uma ovação de oito minutos do tradicional Teatro de Ópera de Viena. O estelar tenor Jonas Kaufmann fazia sua versão de Mario Cavaradossi na *Tosca* (lê-se "Tósca") de Puccini. Cavaradossi é um pintor que está preso injustamente por alta traição.

Apaixonado pela personagem que dá nome à ópera, ele, enquanto aguarda a hora de seu fuzilamento no alto do Castel Sant'Angelo, escreve uma carta, a ária "E lucevan le Stelle". Ela é introduzida por um solo sombrio de clarinete; as primeiras notas da melodia, já conhecida do público por alusões anteriores, são repetidas nas linhas "O dolci baci, o languide carezze" ("Ó, beijos doces e carícias lânguidas"), e serão também reiteradas no fechamento da ópera, quando, após a morte de Cavaradossi, seu grande amor, Tosca, salta das muralhas para a morte. Musicalmente, "E lucevan le Stelle" constitui o centro nervoso de todo o espetáculo e, sem dúvida, é uma de suas melodias mais estimadas pelo público.

No registro em vídeo da montagem com Jonas Kaufmann, vê-se que ele, após uma ária brilhante, reluta em dar o bis. A Ópera de Viena havia abolido essa prática desde muito cedo no século XX. O público exige por nada menos que oito minutos de aplausos em cena aberta. O protocolo precisou ser rapidamente reavaliado, sob ensurdecedora ovação, com maestro e spalla conversando sobre o que fazer. Kaufmann, enquanto isso, está no palco, concentrado. Por fim, rompe-se o protocolo centenário, o bis é realizado, e novamente o tenor emociona a plateia. No vídeo disponibilizado nas redes sociais, ainda é possível ver que, entre ovação e repetição, a soprano acaba indo descansar uns minutos no camarim! Ao fazê-lo, perde o tempo de sua entrada no palco e dá um toque humorístico ao que era sublime.

Originalmente, bis é uma palavra latina, e significa "duas vezes". É usada em quase todos os países de língua latina, inclusive na França. Curiosamente, nos países de língua inglesa usa-se "encore", uma palavra francesa. Em fevereiro de 1712, o hábito de pedir bis atraiu a atenção da revista *Spectator*, que dizia: "Observo que se tornou um costume, sempre que qualquer cavalheiro satisfaz-se particularmente com uma canção, ele gritar *encore*, ou *altro volto* [sic], com o que, então, o artista vê-se convidado a cantar a peça de novo".

No dicionário *Grove* lemos ainda que, por um bom período, "tanto concertos quanto óperas eram livremente interrompidos para a repetição de árias e movimentos". No meio do espetáculo. E até hoje, quando na ópera se faz o bis, se faz o bis de verdade, ou seja, "a repetição de árias e movimentos". Kaufmann repete "E lucevan le Stelle", não brinda a plateia com "La Donna è mobile" ou algum outro hit consagrado para tenores. De qualquer modo, em óperas o bis tornou-se mesmo raro. Acertadamente, segue o *Grove*, "hoje, um *encore* geralmente significa uma peça extra, tocada ao fim de um recital solo ou de câmara, ou por solista após um concerto, em resposta a aplausos".

Assim é, de fato. Diferente do que ocorreu ao longo do tempo nos teatros de ópera, nas salas de concerto o bis deixou de significar "toque novamente" — um pedido que podia surgir a qualquer momento da performance — e passou a ser um convite para que o concertista ou a orquestra "toquem mais alguma coisa, e uma coisa diferente" ao final da performance, como no encerramento dos shows de rock.

Não há regras, mas uma lei não escrita sugere que o bis deve ser uma obra curta, ou de pequeno porte. São famosos os casos que contradizem a lei, no entanto: lembro quando nosso Arthur Moreira Lima bisou no Theatro Municipal do Rio de Janeiro, ali pelos anos 1990, a *Sonata em si menor* de Franz Liszt, com seus trinta minutos de duração; provavelmente não batia o recorde carioca, cujo detentor era Rudolf Serkin, que apresentou, ao final de um programa, a integral das *Variações Goldberg* de Bach (um bis de aproximadamente quarenta minutos, sem repetições).

Tenho notícias de uma *Appassionata*, a sonata para piano de Beethoven, interpretada do começo ao fim, num bis dado por

András Schiff, em Bolonha, em 2014. E, claro, é famosa entre os pianistas a história de Anton Rubinstein (não Arthur), que tinha certa predileção pela *Segunda sonata, Opus 35*, de Frédéric Chopin, uma obra que, além de ter mais de vinte e tantos minutos de duração, exige um mergulho em universos emocionais os mais densos, e a célebre "Marcha fúnebre" (a qual, sem dúvida, enchia os ouvidos do público com a ideia da morte, como o convidado que dá um toque macabro no fim da festa).

Pondo de lado tais excentricidades, o fato é que a medida ordinária do bis se coloca entre um e seis minutos. Entre pianistas, Chopin é o rei do bis, com um catálogo extraordinário de peças curtas e de matizes variados, como seus *Estudos, Noturnos, Mazurcas* ou mesmo as *Polonaises*. Em seus respectivos instrumentos, algo das *Partitas* e sonatas de J. S. Bach, os difíceis *Caprichos* de Paganini, movimentos das *Suítes para violoncelo desacompanhado*, e, eventualmente, sonatas de Scarlatti para cravo, são sempre bem-vindos como bis. Obras contemporâneas, compostas ou não para o artista, também são comuns.

O bis não costuma trazer uma obra muito densa. Talvez por isso, e por uma certa preguiça dos programadores, o ranking de obras bisadas nos concertos sinfônicos seja vencido pelas *Danças húngaras* de Brahms, ou as *Danças eslavas*, de Dvořák, seguido por aberturas de ópera (a Osesp costumava dar em suas turnês a abertura de *Ruslan e Ludmila*, de Glinka, opção para o divertido *Mourão*, de Guerra-Peixe) ou por algumas valsas, polcas e marchas da família Strauss. São obras otimistas e elegantemente brilhantes.

É claro, e todo profissional de concertos sabe disso, quando um bis demonstra, além de otimismo e brilho, um grau alto de virtuosismo, o natural é que o público peça mais, e assim os pedidos de bis podem se suceder. Chega-se assim ao "tris", termo impróprio, se formos estritos, pois em latim "três vezes" seria *ter*, mas muito mais eficaz, por eufonia. Todo profissional sabe provocar o "tris", e há uma pequena engenharia, mais ou menos amadurecida entre os concertistas, para sugerir ao público a disponibilidade de sua parte para o "tris" ou o "quatris". Embora aparente um gesto de espontaneidade, o bis dos concertos tem uma longa história de premeditação, sendo por vezes calculado com a mais pavloviana — ou maquiavélica? — perspicácia. O musicólogo italiano Piero Rattalino nos conta, em tom de crônica, uma de suas memórias a respeito:

> No Palácio de Chaillot, em Paris, ouvi José Iturbi, que concluiu seu recital com sete bis. O programa era de cerca de quarenta minutos na primeira parte e de 25 na segunda. A brevidade da segunda parte — além da bravura do próprio pianista — enlouqueceu o público, que teve servidos os primeiros três bis com certa facilidade. Os outros foram oferecidos um a um, com intermináveis entradas e saídas, mãos sobre o coração, sinais de cansaço grave, passagens de abertura e fechamento da cobertura do piano, luzes apagadas e reacesas, uma mímica de convencimento que dizia, melhor que cada palavra: "Apenas porque vocês me obrigam! Faço pois são vocês!". A sala estava abarrotada, creio que houvesse ali 3 mil pessoas. O astutíssimo concertista manteve-as encravadas sobre as cadeiras por todos os seus sete bis, que foram minuciosamente calculados, e no dia seguinte os jornais reportaram a notícia do triunfo nas páginas de crônica, não nas páginas de espetáculos.*

Rattalino comenta ainda que Mariano Stabile "trisava" muitas vezes o breve "Quand'ero paggio", do *Falstaff* de Verdi. E que

---

* Piero Rattalino, "Bis: suonalo ancora". In: *Grand Piano*. Bolonha: Ermitage, 1996, pp. 76-7. (Tradução minha.)

em Buenos Aires, certa vez, o público pediu a Caruso o "tris" da ária "Una furtiva lacrima". Ele atendeu o pedido. Mas, incontinente, o público continuou a pedir bis, partindo para o *quater*, e Caruso não achou razoável. "Ao fim, a confusão foi tamanha que as cortinas se mantiveram fechadas e a récita de *Elixir de amor*, de Donizetti, ficou naquela noite inconclusa."

Voltando à carta de Mozart, citada no início deste capítulo, sabemos por ela que o compositor participava como convidado de uma "academia" — outro nome para os espetáculos públicos da época — de seu amigo Anton Teyber. Mozart, claro está, era uma estrela, e ouvi-lo tocar era mais importante que ouvir Teyber. Ao final, como bis, Mozart improvisava sozinho. Mas a carta toca ainda em outro ponto, talvez não tão relevante à época, mas de suma importância para nós: como dar, e quem dá, o bis após um programa onde o solista apresenta-se com orquestra?

O processo implica um pequeno dilema, digamos, de decoro. Afinal, se o solista bisa sozinho, os músicos ficam parados, ouvindo o que o solista tem para mostrar, e essa situação não é sempre a menos enfadonha para os músicos. Não podemos esquecer que os professores da orquestra também fizeram o show. Não à toa, até finais da década de 1970, pianistas como Arthur Rubinstein costumavam oferecer o bis apenas após pedir permissão ao spalla, situação curiosíssima para o gosto atual, mas que guarda bem o protocolo de palco entre solista e orquestra, que não espelha uma relação de nobre e plebeus, mas de convidado e anfitriões.

Uma solução notável é a da violinista Patricia Kopatchinskaja, que esteve conosco na Osesp inúmeras vezes e previu como bis, em dada sessão, a *Balada e dança para dois violinos*, de György Ligeti. A peça é um dueto de violinos, que acabou por ser apresentado brilhantemente por ela e Emmanuele Baldini, o spalla da nossa orquestra. Sendo o spalla, segundo o mesmo protocolo, o representante de todos os músicos da formação, o gesto de Kopatchinskaja só pode ser entendido como uma elegante gentileza da hóspede para com os donos da casa.

Outra estrela, o grande pianista russo Sviatoslav Richter, tinha por princípio que, tocando com orquestra, haveria de bisar trechos da obra que tinham acabado de executar. Em se tratando de peças curtas, em um movimento, algumas acabaram repetidas de cabo a rabo, como parece ter sido o caso de ao menos um *Concerto para mão esquerda*, de Ravel (em Gênova), e a *Burleska*, de Richard Strauss (em Sófia).

A pequena tensão que existe entre solista e orquestra na hora de um bis acabaria marcando uma das minhas memórias mais preciosas em relação à Osesp. Em 2005, recebemos o grande maestro e pianista húngaro Támas Vásáry, que seria regente e solista do *Concerto para piano nº 27*, de Mozart. Ao final da primeira noite, o maestro acabou por tropeçar em uma passagem não especialmente difícil do allegro final. Quando terminou, soaram os aplausos entusiásticos (os erros foram absolutamente ocasionais), mas, aparentemente constrangido, Vásáry fez questão de bisar o movimento inteiro. Novos aplausos se sucederam e seu retorno ao palco foi inevitável. Ao retornar, quase sem agradecer, Vásáry sentou-se novamente ao piano e soou as primeiras notas da *Sonata ao luar*, de Beethoven. Concluído o primeiro movimento, ele seguiu com o segundo, e deste ao último, levando ao público uma pequena joia, e dezesseis minutos de bis — pelo que sei, foi o mais longo da história das temporadas sinfônicas da orquestra.

Comentei em algum lugar que o bis é resultado de uma troca de gentilezas, não uma obrigação. No caso dessa noite em 2005, o maestro Vásáry, um cavalheiro à moda antiga, transfigurou-o em um pedido de desculpas.

Sugestões de leitura

Temos em português algumas excelentes publicações para um ouvinte dedicado, embora algumas lacunas sejam impressionantes. Ele pode, eventualmente, debruçar-se em biografias de grandes compositores, gênero onde encontramos esforços editoriais notáveis. Cito algumas, as mais recomendáveis: as recentes biografias *Beethoven: Angústia e triunfo* (São Paulo: Amarilys, 2016), de Jan Swafford; *Piotr Tchaikovsky: Biografia* (Rio de Janeiro: G. Ermakoff, 2012), de Alexander Poznansky; e a integral das cartas de Chopin, traduzidas a partir das originais, em polonês e francês: *Correspondência de Frédéric Chopin* (Rio Grande do Sul: UFRGS, 2007), organizada por Zuleika Rosa Guedes. Outras duas publicações excelentes, mais antigas, mas nem por isso datadas, são dedicadas a Mozart: *Mozart: Sociologia de um gênio* (Rio de Janeiro: Zahar, 1994), de Norbert Elias; e *Mozart* (São Paulo: Objetiva, 1999), de Peter Gay.

© Leandro Oliveira, 2020

Todos os direitos desta edição reservados à Todavia.

Grafia atualizada segundo o Acordo Ortográfico da Língua Portuguesa de 1990, que entrou em vigor no Brasil em 2009.

capa
Kiko Farkas/Máquina Estúdio
ilustração de capa
Kiko Farkas
composição
Jussara Fino
preparação
Rodrigo Lacerda
checagem
Luiza Miguez
revisão
Huendel Viana
Tomoe Moroizumi

Dados Internacionais de Catalogação na Publicação (CIP)
———
Oliveira, Leandro (1978-)
Falando de música: Oito lições sobre música clássica: Leandro Oliveira
São Paulo: Todavia, 1ª ed., 2020
128 páginas

ISBN 978-65-5114-000-6

1. Música 2. Princípios gerais 3. Música clássica
4. Comportamento 5. Lições introdutórias I. Título

CDD 780.1
———
Índice para catálogo sistemático:
1. Música: Princípios gerais 780.1

todavia
Rua Luís Anhaia, 44
05433.020 São Paulo SP
T. 55 11. 3094 0500
www.todavialivros.com.br

fonte
Register*
papel
Munken print cream
80 g/m²
impressão
Geográfica